LA RAGE DE SURVIVRE

Trudi Birger

LA RAGE DE SURVIVRE

Avec la collaboration de Jeffrey M. Green

Préface de Serge Klarsfeld

Récit traduit de l'anglais par Marianne Véron

ÉDITIONS FRANCE LOISIRS

Titre original : *Im Angesicht des Feuers*.
Titre américain : *A Daughter's gift of love, A Holocaust Memoir*.
Ouvrage publié sous la direction de Cynthia Liebow.

Édition du Club France Loisirs,
avec l'autorisation des Éditions Denoël.

Éditions France Loisirs,
123, boulevard de Grenelle, Paris.
www.franceloisirs.com

ISBN : 2-7441-9387-9

Préface

Il faut un grand courage et le sens du devoir à une victime de la Shoah qui a traversé l'univers concentrationnaire pour oser raconter sincèrement ce qu'elle a vu et ce qu'elle a enduré. Chacun des survivants sait que l'horreur qu'il transporte dans sa mémoire et qu'il tente d'exprimer risque de terrifier ou d'indisposer ceux qui entreront en contact avec elle, et de leur faire détourner les yeux et le cœur pour éviter de la ressentir.

Mais l'obligation suprême, l'impératif catégorique d'un survivant est de parler pour tous ceux que la haine anti-juive a rendus muets à jamais et qui auraient voulu que l'abomination de leur destin ne soit pas engloutie dans le néant.

Trudi Birger avait treize ans en 1941. À

dix-sept ans en 1945, malgré toutes les souffrances qu'elle avait endurées pendant quatre années, elle était restée au fond d'elle-même une adolescente juvénile et sensible, prête à espérer, à entreprendre, à revivre et à aimer. Cette jeunesse sauvegardée, elle la doit à l'amour de sa mère. Toutes deux ont réussi à survivre ensemble, ce que ni l'une ni l'autre n'aurait pu faire séparément. Deux faibles créatures martyrisées par leur tragique itinéraire mais ayant conservé l'une pour l'autre une totale solidarité qui a fini par les sauvegarder.

Trudi est née dans une famille bourgeoise allemande de Francfort. L'arrivée au pouvoir des nazis l'exile à Memel, vieille ville allemande qu'elle doit fuir en mars 1939 pour Kovno-Kaunas, la capitale de la Lituanie. Trudi fréquente successivement des écoles où les professeurs enseignent en allemand, en hébreu, en yiddish, en lituanien et en russe. Les Soviétiques se sont emparés de la Lituanie ; les Allemands les en chassent et le 15 août 1941 cesse l'enfance de Trudi quand elle pénètre dans le ghetto de Slobodka, dont les habitants, juifs orthodoxes, ont été massacrés par les Lituaniens. Pendant trois ans, jusqu'en juillet 1944, Trudi et sa mère, Rose, font les plus bas travaux de nettoyage d'un hôpital militaire allemand. Le père de Trudi est massacré avec des centaines d'enfants qu'il tente de sauver ; elle voit tuer son oncle devant elle et devant sa grand-mère qui supplie les assassins d'épargner son fils.

En juillet 1944, Trudi et sa mère sont internées au terrible camp d'extermination de Stutthof près de la Baltique. Trudi parvient à sauver sa mère lors de la sélection, par une manœuvre hardie qu'aucun lecteur ne pourra oublier car aucun maître du suspense ne pourrait inventer pareille situation.

Blessée au pied, terrassée par la fièvre, Trudi est sur le point d'être jetée vivante dans un four crématoire quand elle est épargnée par le commandant du camp à cause de la qualité de l'allemand qu'elle parle. Évacuées devant l'avance des Russes sur un navire allemand où l'on s'apprête à jeter à l'eau les derniers Juifs survivants, Trudi parvient par son courage à sauver encore une fois sa vie et celle de sa mère. Ces vies, elles vont les consacrer à la création de l'État d'Israël et à son existence. Mariée à Zeev, un survivant de Kovno, Trudi devient mère de trois garçons et une active militante dans le domaine social. L'itinéraire de Trudi et de sa mère est exemplaire ; elles sont restées elles-mêmes, toujours dignes, humaines, dans l'univers de terreur qui leur était imposé et dans leur choix lucide de consacrer leur vie à l'édification de l'État juif.

Trudi Birger a le pouvoir évocateur de nous faire entrevoir l'indicible qu'elle a connu. La puissance qui se dégage de son témoignage n'est pas littéraire ; Trudi la doit au ghetto de Kovno et au camp du Stutthof qui ont imprimé sa sensibilité des marques qu'elle nous restitue avec une sincérité si authentique, que même pour les aveugles de la Shoah que nous sommes, elles en deviennent de perceptibles stigmates…

Ce livre sur la Shoah est à mettre entre toutes les mains, surtout celles des jeunes. Au sein d'une désespérance absolue, ils verront que le courage et l'espoir sont des vertus qui suscitent les miracles.

SERGE KLARSFELD

1

Seule avec Maman !

Lentement, ma mère et moi progressions malgré nous dans la longue file irrégulière de femmes muettes. Nous étions ce matin-là deux créatures solitaires parmi des centaines d'autres, des milliers peut-être, rassemblées sous le regard cruel et indifférent des gardiens – combien de multitudes de femmes avaient-ils déjà exterminées ? –, en terrain découvert et hostile, vêtues de haillons et chaussées de grossières socques en bois, le visage blême d'épouvante. Ici, plus de sourires ni de lueurs de reconnaissance, plus de signes de tête réconfortants, plus rien que le morne désespoir de la terreur.

La plupart des femmes gardaient les yeux baissés vers la terre battue, piétinée par les hordes anonymes qui, avant nous, avaient été amenées ici par troupeaux entiers, pauvres vies humaines réduites à un dérisoire paquet de peur et de résignation. Chacune de nous, privée de tout soutien, faisait la queue pour connaître son sort et le subir aussitôt, expédiée vers la vie ou la mort. La guerre durait depuis déjà longtemps, et nous savions à quoi nous attendre de la part des nazis.

Toutes les femmes embarquées avec nous dans le train du ghetto de Kovno ne nous avaient pas été étrangères, mais à présent nous étions mélangées avec des femmes originaires de l'Europe entière, des femmes séparées les unes des autres par la langue – mais nous n'essayions même pas de communiquer entre nous – et isolées par l'effroi.

Nous n'avions plus ni amis ni parents pour nous soutenir. Il ne restait plus que ma mère et moi, accrochées l'une à l'autre. Mon père et mon oncle avaient été sauvagement abattus. Les parents de ma mère et son frère encore en vie avaient choisi de se cacher dans un bunker quand les Allemands avaient liquidé le ghetto de

Kovno, dans l'espoir que les Russes arriveraient avant que les Allemands ne les découvrent pour les massacrer. Nous ne savions pas s'ils avaient survécu ou non, et des années allaient s'écouler avant que nous n'apprenions l'horrible vérité. Personne ne prenait la peine de nous expliquer les règles du jeu ou de nous aider à comprendre les enjeux. Comment pouvait-on savoir quelle décision prendre ?

Nous étions contraintes à faire des choix de vie et de mort dans l'obscurité complète. Même moi, qui étais encore une enfant, j'avais déjà eu à faire de ces choix en nombre incalculable.

Trois jours plus tôt, au dépôt ferroviaire de Kovno, la panique et la confusion la plus brutale avaient régné. Les soldats faisaient tout avancer très vite. Ils ne nous avaient pas donné le temps de comprendre notre situation ou de dire adieu à ceux qui nous étaient chers. Des hordes de soldats nous hurlaient des commandements, nous poussaient d'un endroit à un autre, nous séparaient de force. Sans avertissement, ils ont séparé les hommes des femmes et, en quelques brèves heures, nous ont poussées par milliers dans des trains. C'est là que Maman et moi avons perdu le contact avec mon frère aîné Manfred – juste avant qu'on ne nous entasse dans les trains.

Les nazis nous avaient fait quitter le ghetto de Kovno sans rien d'autre que les vêtements que nous avions sur le dos. À notre arrivée au camp de concentration, ils nous ont entassées dans un énorme hangar et nous ont fait déshabiller entièrement, puis ils ont pris les vêtements et les chaussures que nous avions portés dans le train. Sans doute ces vêtements étaient-ils en loques, crasseux après trois ans d'usage dans le ghetto, et souillés par les conditions du voyage dans les wagons à bestiaux bondés, mais au moins c'étaient les nôtres. Désormais, il ne nous restait plus rien qui soit à nous, plus rien des maigres possessions que nous avions réussi à conserver dans le ghetto, pas même une épingle à cheveux. Nous portions maintenant de grossiers sabots en bois et les vêtements que nous avaient attribués les gardiens nazis, des vêtements civils éculés, avec une étoile jaune cousue dans le dos, et non pas les uniformes rayés que portaient les prisonniers polonais non juifs que nous pouvions voir de l'autre côté des barbelés, ces criminels sauvages et terrifiants qui étaient chargés de l'entretien du camp.

C'était une matinée chaude et ensoleillée de juillet 1944. Nous venions de passer trois jours terriblement entassées dans des wagons à bestiaux hermétiquement fermés, sans rien manger ou presque. Mais malgré la faim, malgré l'épuisement et la peur, malgré l'humiliation d'avoir été dévêtue et bousculée par les kapos en uniforme avec leur cravache menaçante pendue au côté, d'avoir eu un nombre tatoué sur le bras – malgré tout cela, le soleil et l'air frais me redonnaient un peu d'énergie. Je n'étais qu'une enfant de seize ans, malingre et physiquement retardée, mais en dépit de ces années de privations, j'avais encore les ressources de vitalité de la jeunesse.

Nous avancions lentement dans cette

dense file d'étrangères où personne ne souhaitait avancer, vers un point où l'on nous jetterait d'un royaume d'incertitude dans un autre. Nous étions poussées en avant par les femmes qui nous suivaient, elles-mêmes forcées d'avancer par les kapos armés de fouets et les gardiens postés le long des barbelés avec leurs chiens. De hauts miradors se découpaient sur la lumière tout autour du camp, avec des soldats armés de mitraillettes.

J'entendais les gardiens et leurs chiens gronder. Les femmes avançaient péniblement, sans autre bruit que des gémissements étouffés et des soupirs de peur, des pleurs et des prières murmurées. Le soleil d'été nordique se reflétait sur les boutons de leurs uniformes et sur leurs fusils, sur leurs bottes cirées et leurs boucles de ceinturon. Il étincelait dans leurs yeux fixés sur nous. D'énormes chiens pantelants tiraient sur leurs laisses en dénudant leurs crocs. Pouvaient-ils comme moi sentir notre peur, l'odeur âcre de la sueur séchée sur nos corps après tous ces jours passés sans nous laver, la puanteur de l'urine et des excréments que nous ne pouvions pas nettoyer, notre haleine fétide à cause de la maladie, de la faim, du manque d'hygiène dentaire et de la peur ? Ma mère et moi nous cramponnions l'une à l'autre. Toutes les femmes se serraient ensemble pour l'illusion d'une protection, sans se connaître.

Il ne restait plus beaucoup de femmes entre nous et le médecin chargé de la sélection. Toute mon attention se concentra sur lui. Dans un instant, il allait décider de mon destin. C'était un grand et bel homme blond en uniforme nazi. Il se tenait à l'extrémité de la file, fringant, marquant fièrement le centre de ce fragment de l'univers. Il scrutait l'une après l'autre chacune des femmes qui s'arrêtaient devant lui, d'un regard intense et impersonnel, à l'affût des défauts qui révéleraient en elle une travailleuse improductive. D'un petit geste froid et sans un mot, il en envoyait certaines à gauche, d'autres à droite.

Ce beau docteur bien nourri me fascinait, un homme si grand, si propre, si élégant. Il avait le visage intelligent et distant, sans rien de malfaisant. Peut-être que, si je lui souriais aimablement, il ferait ce que j'espérais qu'il ferait. Ma mère et moi nous rapprochâmes encore. Pour moi-même, son verdict ne m'inquiétait pas. Je savais que je passerais. J'avais déjà beaucoup d'expérience pour franchir les sélections. J'avais appris à prendre un air gai et à me tenir aussi droite que possible, pour montrer que j'étais pleine d'énergie et de bonne volonté. Mais j'étais moins assurée en ce qui concernait ma mère. Elle n'avait pas quarante ans, mais elle n'avait jamais été particulièrement vigoureuse. Elle avait eu un souffle au cœur dans son enfance, et mon père l'avait toujours choyée. Jusqu'à ce que nous soyons chassés de chez nous et enfermés dans le ghetto, il s'était toujours dressé entre elle et les dures réalités du monde. Même dans le ghetto, elle avait toujours compté sur sa protection. Mais les nazis l'avaient assassiné, et depuis cette perte tragique, quelques mois plus tôt, ma mère avait terriblement vieilli.

Elle paraissait plus près de soixante ans que de quarante. Elle avait la peau grise et ridée, ses yeux avaient perdu tout éclat. Et la robe qu'on lui avait donnée au camp, une chose noire informe, ne faisait rien pour la rajeunir. Voilà, c'était ma mère, une femme qui n'avait porté que les vêtements les plus raffinés, cousus à la main, lorsque j'étais enfant. Maintenant, elle avait l'air apathique d'une mendiante.

Avant qu'on ne nous entasse dans les trains à Kovno, nous avions eu un peu d'espoir. Les Allemands vidaient le ghetto. Cela n'annonçait-il pas des jours meilleurs ? Les Russes n'étaient pas loin. Visiblement, les Allemands perdaient la guerre, mais trop lentement. Peut-être avaient-ils des raisons de nous garder en vie jusqu'à la fin de la guerre. Personne ne nous avait dit où nous allions, ni à quoi nous attendre.

En quelques minutes nous avons perdu tout espoir. Ils nous ont entassés dans des wagons à bestiaux plombés. Un entassement inhumain, dans une chaleur suffocante. Des femmes hurlaient, étouffaient, s'évanouissaient. Ils ne nous ont rien donné à manger, mais il y avait de l'eau à boire dans des récipients en métal rouillé, que nous appelions des *paklashkes*. Le voyage dura trois jours, qui nous semblèrent trois années. C'était un étrange voyage vers le néant, tantôt rapide, tantôt lent, et tantôt même stationnaire. On aurait dit que les Allemands ne savaient pas quoi faire de nous. C'était effrayant. Mais je soutenais ma mère en faisant mine de rester optimiste.

À un moment, ils ont ouvert les portes et posté des gardiens dans tous les wagons. Nous étions mises en garde par haut-parleur : « Ceux qui essaieront de sauter du train seront abattus sur place. » Nous avons entendu des coups de feu, mais nous n'aurions pas su dire si quelqu'un avait vraiment essayé de sauter du train, ou si les gardiens cherchaient juste à nous faire peur. Ils nous insultaient constamment, nous traitant d'ordures et de sales truies.

Je me rapprochais le plus possible des portes ouvertes tandis que nous roulions.

La nuit, les gardiens somnolaient. Parfois le train ralentissait et nous traversions des forêts. Les arbres poussaient le long des voies. Avec de l'audace, on pouvait sauter et disparaître dans les bois avant qu'ils aient pu tirer. Ici et là, à travers les arbres, j'apercevais des maisons. Peut-être que quelqu'un aurait pitié de nous. Les Russes approchaient.

Je me tenais près de la porte ouverte avec ma mère. Je lui chuchotai : « Sautons.

— Je ne peux pas, dit-elle. Saute, toi. »

Elle avait raison. Elle était trop faible pour sauter. Elle n'avait pas le courage de courir à travers bois. Je ne pouvais pas la laisser, et je ne pouvais pas la faire sauter avec moi hors du train. Je me jurai une nouvelle fois que nous vivrions ensemble, ou que nous mourrions ensemble.

Elle me suppliait de sauter. Elle essaya même de me pousser. Mais elle n'avait pas assez de force.

Lorsque le train s'est arrêté, nous ne savions pas où nous étions. C'était Stutthof, près de Dantzig, sur la côte baltique. Du dehors, les nazis camouflaient la nature du camp. Une petite fanfare de non-Juifs nous accueillit en musique, sur le terre-plein qui s'étendait entre le mur de béton gris du camp et le quai du chemin de fer. En débarquant, je ne pus m'empêcher d'éprouver à nouveau un peu d'espoir. Peut-être était-ce une sorte de camp de transit, où nous pourrions attendre la fin de la guerre, et où les Russes viendraient nous libérer.

Le camp était isolé. Un haut mur de pierre, à l'extérieur du camp, en dissimulait le caractère véritable. Le paysage était plat et boisé. Les gardiens nous ont poussées vers un gigantesque portail, et nous avons aussitôt compris où nous étions. Nous avons vu les barbelés électrifiés et, de l'autre côté, les criminels dangereux et les prisonniers politiques en uniforme rayé. C'était un endroit immense, que l'œil ne pouvait saisir en entier, et qui semblait s'étendre indéfiniment. Toutes nos illusions se dissipèrent. De la fumée s'échappait de hautes cheminées. J'imaginai que c'était une boulangerie ou une usine. Je n'avais encore jamais entendu parler des fours crématoires.

Des masses de femmes juives s'entassaient dans le passage, chassées vers un immense hangar où des kapos nous tatouaient des nombres sur le bras, faisant couler le sang. Les femmes qui nous marquaient ainsi se régalaient à nous faire souffrir. Elles lançaient des coups de fouet presque au hasard, nous frappant pour le plaisir. C'est là que nous avons dû nous déshabiller pour revêtir les habits qu'on nous attribuait. Ma mère reçut une robe noire informe, et moi une jupe bleue avec un corsage rouge.

Maintenant, ma mère et moi nous trouvions devant le médecin. Ses yeux ont traversé nos vêtements, décelé nos faiblesses : « La vieille à gauche. La fille à droite. » Je n'ai pas bougé. Je suis restée plantée là, à regarder où ils envoyaient ma mère, par la porte, de l'autre côté de la clôture, vers de longs baraquements en bois qui n'étaient pas bien éloignés. Je ne bougeais pas, mais les kapos me poussèrent brutalement vers une colonne de femmes, en rangs par six. C'était la formation de travail. Nous allions très vite être emmenées ailleurs, pour les travaux forcés. Jamais encore je n'avais été aussi absolument seule. Les autres femmes attendaient passivement la suite des événements. Mais je ne pouvais pas accepter ce qui venait de m'arriver.

Depuis trois ans, de l'été 1941 à l'été 1944, j'avais fait des travaux forcés pour les nazis, mais toujours au côté de ma mère. Nous avions toujours veillé l'une sur l'autre, nous nous étions toujours sacrifiées l'une pour l'autre – littéralement. Chaque matin à sept heures, nous nous mettions en rang aux portes du ghetto, et ils nous conduisaient à notre lieu de travail. La plupart du temps, ma mère et moi avions travaillé au *Kriegslazarett,* un hôpital militaire où étaient soignés les soldats allemands blessés. Notre travail consistait à nettoyer les sanitaires et tout ce qu'ils pouvaient trouver de plus répugnant à nous faire faire. Mais au moins nous étions ensemble. Ma mère veillait sur moi.

Je n'avais plus besoin d'elle pour veiller sur moi, à présent. Je savais que je devais me prendre en charge. Mon père avait été abattu le 28 mars 1944, jour de son quarante-septième anniversaire, au cours de l'*Aktion* où les Allemands avaient raflé tous les enfants qui restaient dans le ghetto et les avaient tués. Papa avait tenté de sauver un important groupe d'enfants en les cachant sous le toit du bâtiment du Comité juif où il travaillait, mais les Allemands les ont trouvés et les ont tous tués à la mitraillette, y compris mon père. Nous l'avons su par des témoins.

Il n'aurait pas dû mourir à ce moment-là. Rien ne l'obligeait à tenter le vain effort de sauver des enfants qui étaient condamnés de toute façon. Mais c'était caractéristique de mon père qui pensait toujours aux autres en premier.

Sa mort désespéra ma mère mais, Dieu sait pourquoi, malgré mon chagrin, je me forçai à garder espoir, même s'il n'y avait plus d'espoir. Jusqu'à la mort de mon père, ils s'étaient toujours encouragés mutuellement en me dissimulant leurs frayeurs, me protégeant autant qu'ils le pouvaient des horreurs du ghetto. Nous faisions tout ce que nous pouvions pour rester ensemble et garder un peu d'espoir dans une situation où rien ne permettait de penser que nous arriverions à survivre. Après la disparition de Papa, ma mère n'a plus pu me cacher son désespoir. C'était à moi d'être forte, de faire en sorte qu'elle mange le peu qu'il y avait à manger, qu'elle ne renonce pas, et de faire comme si je m'attendais à un miracle, à l'arrivée imminente des Russes pour chasser les nazis.

De ma place dans la colonne prête à partir au travail forcé, j'eus tôt fait d'évaluer la situation. Les femmes s'amassaient rapidement derrière moi, pour la plupart relativement jeunes et fortes. Je voyais devant nous le portail du camp, et un train qui attendait pour nous emporter. Dans un moment ils allaient nous faire franchir le portail, monter dans le train, et plus jamais je ne reverrais ma mère. Je m'efforçai de voir où elle était partie, de l'autre côté de la clôture : là, les femmes faibles et âgées n'étaient pas alignées en rangs. Elles vaquaient autour des baraquements, et les kapos les ignoraient. Toute l'attention de ces derniers se concentrait sur le point de sélection, où le beau médecin blond envoyait les gens à droite ou à gauche. Je crus apercevoir ma mère dans sa robe noire, contournant l'angle d'un baraquement d'un pas chancelant. C'était impossible, mais il fallait que je la rejoigne.

Dans le ghetto, j'avais toujours été une fille pleine de ressources – et je me demande encore d'où cela me venait. Je n'étais pas une gamine des rues, habituée à vivre d'expédients dans un monde hostile, obligée de me prendre en charge parce qu'on me négligeait. Au contraire, j'avais été une enfant choyée. À Francfort, où je suis née, j'avais une nurse certifiée, qui portait un bonnet d'uniforme orné au front d'unc étoile de David rouge. Quelle ironie, quand j'y pense ! Notre nurse non-juive avait arboré fièrement ce qui allait devenir le symbole de notre persécution. Elle veillait à nos moindres besoins. Mon frère et moi étions parmi les enfants les mieux habillés de la ville. Même après avoir fui Francfort, quand mon père n'était plus aussi riche, il gagnait encore bien sa vie, et j'étais élevée dans tout le confort qu'il pouvait nous procurer.

Avant la guerre, lorsque nous vivions dans le port de Memel, sur la Baltique, au nord de Stutthof, je portais des robes d'organdi et des chaussures vernies, et ma tante Tita me conduisait à des thés dansants. Elle commandait pour moi un chocolat chaud, et je dansais la valse et le tango avec des garçons de douze ans. Je chérissais maintenant le souvenir de ce chocolat chaud, et j'en rêvais toutes les nuits. Je me jurais que la première chose que je ferais après la guerre, ce serait de boire une tasse de chocolat bien chaud et bien crémeux.

Peut-être la métamorphose en moi n'était-elle pas si surprenante, quand j'y songe plus sérieusement. Je recevais une éducation privilégiée, mais Papa ne me laissait jamais oublier que les privilèges s'accompagnent de responsabilités. Les

Juifs allemands sont connus pour leur rigoureuse approche de la vie, et nous étions une famille orthodoxe, de sorte que notre existence était doublement définie par des devoirs et des obligations. Nous nous imposions des critères moraux élevés, même lorsque nous étions riches.

J'ai vite appris à me débrouiller dans le ghetto. Mes parents cousaient des poches secrètes dans mes vêtements, et j'introduisais clandestinement des vivres dans le ghetto, pour les gens âgés qui ne pouvaient pas travailler. Aux portes, les gardiens nazis nous examinaient, mais je me forçais à sourire et à dissimuler ma peur, et ils me laissaient passer. J'étais toujours prête à prendre des risques. J'avais confiance en mes ressources et ma chance.

J'aimais aussi prendre en charge les choses, lorsque je le pouvais. Dans le ghetto, à l'époque où ils nous laissaient encore acheter de la nourriture, il m'est arrivé de faire du pain pour tout le monde. Nous nous étions procuré un baquet de farine. C'était au début, quand les Juifs pouvaient encore s'approvisionner moyennant finances et tickets de rationnement.

D'abord, j'ai laissé un peu de farine dans de l'eau pendant la nuit pour avoir du levain. Puis j'ai fait la pâte et l'ai malaxée. J'ai un souvenir très vif d'avoir boulangé ce baquet rempli de pâte. J'avais à peine treize ans, et j'étais petite pour mon âge. Une de nos voisines observa : « Tu es si petite que tes bras touchent à peine le fond du baquet. » Mais j'étais fière de faire du pain pour tout le monde. Il y avait chez nous un vieux four. Je suis parvenue à le mettre en marche, et j'ai fait cuire le pain toute seule. Il était très bon. Les gens m'appelaient « la petite boulangère ».

Comment imaginer que, deux ans plus tard, la nourriture se serait tellement raréfiée dans le ghetto que le pain frais, fait avec de la vraie farine, deviendrait une friandise si désirable que, malgré la pudeur et la stricte moralité juive, certaines mères allaient être capables d'envoyer leur fille coucher avec un gardien nazi, juste pour en avoir un peu ?

Une autre fois, nous avons eu des carottes et j'ai fait un gâteau de carottes. Nous avions bien besoin de ce sucre naturel. Je me suis chargée de la cuisson, et ce fut une réussite. Je chéris cette image que j'ai de moi-même, une petite fille blonde, les bras plongés jusqu'aux épaules dans un baquet de pâte. C'est cette fille-là qui a survécu à la guerre, et non la charmante enfant en chaussures vernies et robe d'organdi, qui dansait dans un salon de thé à Memel.

Maintenant, il fallait à nouveau que je me débrouille, avec encore plus d'audace et de détermination que je n'en avais jamais eu. J'allais rejoindre ma mère, quoi qu'il arrive. Je remarquai une porte qui n'était pas gardée, dans la clôture électrifiée qui était devant moi. Je quittai discrètement le rang de six femmes où j'étais pour me glisser dans celui de devant, faussant les comptes. Puis je me faufilai encore dans le rang suivant. Les autres femmes restaient passives, hébétées par le voyage en train et paralysées par le choc de l'arrivée à Stutthof, par le danger de la sélection, par le soulagement d'être envoyées vers la droite, vers la vie – et sans doute aussi par le chagrin d'être séparées de leurs êtres chers. Nous nous ressemblions toutes, avec nos vieux vêtements élimés. Je changeai encore de rangée, en biais, vers la porte.

Les gardes remarquèrent le désordre. La rangée que j'avais quittée ne comptait plus que cinq femmes. Celle où j'étais en comptait sept, mais j'étais déjà à quatre ou cinq rangées de celle que j'avais quittée. Les gardiens ne savaient pas où me chercher. Ils s'approchèrent de la rangée de cinq avec leurs chiens, et j'avançai encore. Voilà, j'étais près de la porte. Dieu sait comment, je perçus instantanément par où passer, où toucher le loquet pour éviter le choc électrique. Les gardes criaient, ordonnaient un nouveau comptage, pour trouver la femme qui manquait. Je saisis le loquet et je franchis la porte.

Maintenant, j'étais du côté des condamnées. Les gardes et leurs chiens me virent courir, mais ils ne pouvaient pas traverser la foule des femmes pour me rattraper. Je courus à toutes jambes et me mêlai à un groupe. Nous nous ressemblions toutes. Impossible de me repérer pour me punir. D'ailleurs, j'étais du côté où tout le monde allait être envoyé à la chambre à gaz. C'était un châtiment suffisant.

Du côté des barbelés réservé à la mort, ils laissaient les prisonnières aller et venir jusqu'à la fin de la sélection quotidienne. Ce n'était pas comme la stricte discipline de l'autre côté, où ils se hâtaient d'aligner les détenues pour les emmener rapidement dans les camps de travail. Ils n'avaient aucun usage prévu pour les femmes condamnées jusqu'au moment où ils les tuaient, sinon de les frapper quand les kapos en avaient envie. Il y avait des rangées de baraquements en bois brut où les nazis entassaient les femmes et les laissaient à moitié mourir de faim avant de les enfourner dans la chambre à gaz.

J'avais vu ma mère disparaître derrière l'un de ces baraquements. Je me précipitai à sa recherche. Je ne prêtais guère d'attention aux autres, sinon pour m'assurer qu'elles n'étaient pas ma mère. Ces centaines et ces centaines de femmes isolées, faibles, accablées de chagrin, étaient en route vers une mort certaine. Comment aurait-on pu les regarder ? Tant de peine déchirante était rassemblée là. Où était ma mère ? Je les interpellais, l'une après l'autre, je scrutais un visage éploré après l'autre, ne voyant que terreur et néant, mais pas les traits charmants de ma mère. « Je ne suis pas votre mère », s'excusaient certaines.

Dans sa jeunesse, ma mère avait été surnommée la belle Rose, « *die schoene Rosel* ». Il n'y avait pas si longtemps de cela, mais c'était dans une autre vie. Avant la guerre, elle s'était toujours habillée avec un goût exquis. Ses vêtements étaient tous confectionnés sur mesure, cousus à la main, discrets mais élégants, avec des broderies et des raffinements. Ses cheveux châtains étaient toujours coiffés à la perfection, et l'odeur de mon enfance aura été son parfum. Ses mains délicates, quand elle jouait du piano, étaient la grâce, le talent et la fermeté incarnés. C'était une femme cultivée, certainement plus au fait de la littérature et de la musique allemandes que ne l'étaient les brutes aryennes qui nous gardaient à Stutthof. Malgré sa jeunesse, ma mère avait été l'une des femmes les plus éminentes de la communauté orthodoxe de Francfort. Elle avait fondé un jardin d'enfants de bienfaisance. Même dans le ghetto, elle avait su préserver sa grâce et sa dignité. Peut-être allais-je retrouver ma mère, mais jamais plus je ne retrouverais la femme qu'elle avait été.

Puis, chose incroyable, parmi toutes ces âmes perdues, je l'ai repérée. Elle se nouait un bas autour du cou, afin de se pendre. Je n'en croyais pas mes yeux. Je me précipitai vers elle en l'appelant.

« Rose ! Maman ! »

Mais elle ne répondit pas. Épouvantée de me voir là, elle ne voulait pas me reconnaître pour sa fille.

« Maman !

— Je ne suis pas ta mère », dit-elle. Elle

voulait mourir seule. Mais j'ôtai le bas qu'elle s'était passé au cou.

« Mon enfant », dit-elle, reconnaissant enfin ma présence et me parlant de cette ancienne manière élégante et littéraire que je me rappelais si bien. « Tu es venue te perdre dans la mort. » Je le savais. Mais peu m'importait. Sans elle, j'étais morte de toute façon.

« Si nous ne pouvons pas vivre ensemble, nous mourrons ensemble », lui dis-je. C'était ce que je m'étais juré dans le train.

Puis j'eus une idée. Pourquoi avait-on envoyé ma mère vers la gauche, vers la mort ? Elle était en assez bonne santé. C'était cette robe noire informe qui la vieillissait.

« Change de robe avec moi », dis-je. Elle ne comprenait pas. Je ne pouvais pas lui expliquer. Il fallait juste que je le fasse. « Change de vêtements avec moi. » Vite, j'ôtai ma jupe bleue et mon corsage rouge. Je lui fis quitter sa robe noire et mettre mes habits. J'enfilai la robe noire. Je reculai pour la regarder encore. Elle paraissait déjà dix ans de moins, mais elle avait les joues pâles et creusées. Je mouillai mon doigt, frottai l'étoile jaune de ma robe, puis lui passai un peu de couleur sur les joues en massant bien fort, et je recommençai à plusieurs reprises. Peut-être était-ce juste le massage et non la couleur de l'étoile. Mais ses joues se colorèrent un peu.

« Allons-y. » Je n'attendis pas sa réponse. Je ne lui expliquai pas mon plan. Je me contentai de l'entraîner par la main.

À dire vrai, je n'avais pas vraiment de plan. Je savais juste que, d'une manière ou d'une autre, j'allais essayer de repasser de l'autre côté avec elle, de quitter les morts pour ceux qui avaient encore quelque espoir de vivre. Qu'avions-nous à perdre ? Combien de souffrance pouvions-nous encore supporter ?

Je menai ma mère par la main jusqu'à la limite des baraquements, pour pouvoir regarder discrètement ce qui se passait. Le processus de sélection se poursuivait. Il arrivait sans cesse de nouvelles victimes du hangar de déshabillage. Une longue file de femmes passait lentement devant le grand et beau docteur. Il les sélectionnait à son gré et les expédiait d'un petit geste de la main. Puis les kapos et les gardiens poussaient les femmes vers leur destin. Les gardiens surveillaient de très près les femmes choisies pour le travail, s'assurant qu'elles se rangeaient bien par six, mais ils prêtaient moins d'attention aux femmes reléguées de l'autre côté des barbelés, qui étaient envoyées à la mort. Ils nous tournaient le dos comme si nous étions déjà mortes.

De temps en temps, un groupe de femmes était refoulé par la porte vers les baraquements de la mort, causant une commotion. J'avançais avec ma mère, toujours à proximité d'autres femmes, pour ne pas nous faire remarquer. Nous nous rapprochâmes ainsi le plus possible de la clôture barbelée, et j'attendis qu'un nouveau groupe soit poussé de notre côté. Je voyais qu'il y avait moyen de se précipiter par l'ouverture et de se mêler à la foule des femmes qui n'avaient pas encore passé la sélection, simplement parce que les nazis n'imaginaient sans doute pas qu'on puisse vouloir la passer deux fois. Dans la file, une femme qui remarquait ce que j'avais fait pour ma mère m'appela « enfant prodige », ce qui raffermit encore un peu ma foi dans mon plan.

Maintenant, un grand nombre de femmes étaient attroupées à la porte. Je m'approchai, entraînant ma mère.

« Où m'emmènes-tu ? demanda-t-elle, pleurant presque.

— De l'autre côté.

— Non, laisse-moi ici, laisse-moi mourir ici. Vas-y toute seule. » Elle commençait à se dégager, mais je lui tenais solidement la main pour l'empêcher de m'échapper. Je surveillais ce qui se passait au point de sélection. Les gardes s'apprêtaient à refouler tout un groupe de notre côté.

« Il faut que tu viennes. Maintenant ! »

Je tirai ma mère jusqu'à la porte et là, dans la confusion du passage de toutes ces femmes condamnées à mort, je parvins à me faufiler de l'autre côté et à rejoindre la file des femmes qui n'avaient pas encore passé le tri. Une fois que nous y étions, il n'y avait plus moyen de nous distinguer des autres. Nous n'avions pas vraiment échappé à grand-chose. Il n'y avait pas lieu de nous pourchasser.

Voilà que nous approchions à nouveau du médecin, et nous avions le cœur battant d'angoisse, comme tout le monde. Allait-il, cette fois, nous envoyer toutes les deux vers la droite, vers la vie ? Ou bien allait-il nous reconnaître et nous faire abattre sur-le-champ ? Peut-être nous punirait-il simplement en nous expédiant toutes deux vers la gauche. Il avait un regard tellement perçant. Il nous scrutait avec tant d'attention. Nous reconnaissait-il ? Savait-il ce que nous tentions de faire ?

C'est une chose effroyable que d'avoir son destin suspendu au caprice d'une seule personne. Mais cela m'est arrivé d'innombrables fois depuis ma plus tendre enfance.

Le dimanche, à Francfort, lorsque la domestique et la nurse avaient congé, nous étions entre nous. Chaque fois qu'il faisait beau, Papa nous emmenait dans sa belle Mercedes étincelante jusqu'au Taunus, un endroit magnifique dans les collines, célèbre pour ses restaurants, que fréquentait chaque week-end la fine fleur de la bourgeoisie de Francfort. Mais nous allions là-bas pour pique-niquer. Papa garait la voiture à un endroit verdoyant et bien ombragé, et nous sortions le panier d'osier contenant notre repas casher. Maman étalait sur l'herbe des nappes de lin blanc, et nous nous asseyions. Tout était propre et impeccable. Nous utilisions des assiettes en carton d'excellente qualité que fabriquait l'usine de mon père. Maman arborait une robe sport et des chaussures plates ; Papa, un costume d'été et un feutre anglais gris. Pique-nique ou non, nous, les enfants, devions manger proprement et nous tenir bien.

Un dimanche, pour me faire plaisir, Papa me demanda : « Trudi, par quelle route désires-tu rentrer ? » Je le priai de prendre la route la plus longue, qui offrait les plus beaux points de vue, et il suivit ma suggestion. Comme nous venions de passer l'une de mes fermes préférées, avec de belles vaches bien soignées qui paissaient dans les prés, un camion plein de soldats nous bloqua la route et ils nous forcèrent à descendre de voiture, sous la menace de leurs armes. Ce devait être peu après la prise du pouvoir par les nazis, lorsque j'avais six ans.

Mon frère et moi nous cramponnions à la jupe de Maman, en écoutant ces soldats arrogants interroger notre père et l'humilier. Mon père n'était plus un industriel éminent et respecté, un citoyen cultivé et raffiné de la ville de Francfort. Il n'était qu'un sale Juif. N'importe quelle brute de l'armée pouvait le frapper et même le tuer si l'envie l'en prenait. L'un d'eux hurla : « Tuez-moi ces sales Juifs immédiatement ! C'est un ordre ! » Ils braquèrent leurs fusils sur nous. J'étais sûre qu'ils allaient tirer.

L'explosion des balles retentissait déjà dans mes oreilles. Je me pressai contre ma mère en pleurant. Papa s'avança pour s'interposer entre les soldats et sa famille, comme si son corps avait pu nous protéger de leurs armes. Nous tremblions de peur, et les soldats se divertissaient du spectacle de notre effroi : « Écoutez geindre ces sales Juifs. »

Finalement, l'un des soldats déclara : « Ach, laissez-les partir. » Peut-être était-il sergent, je ne me souviens plus, mais je peux encore imiter le ton exact dont il prononça ces mots : non pas avec compassion mais avec mépris, comme si nous ne valions pas la peine qu'on gaspille des balles pour nous tuer. Les soldats remontèrent dans leur camion et s'éloignèrent, en riant gaiement. Jamais je ne pourrai oublier ce moment. Le soulagement d'être épargnés ne pouvait effacer l'horreur d'avoir été menacés. Après cela, ma vie n'a plus jamais été la même.

Nous ne sommes plus jamais allés pique-niquer au Taunus. Le monde serein de mon enfance avait été violemment bouleversé. C'était simplement la première fois, avant d'innombrables autres, que seul le caprice d'un soldat me séparait d'une mort certaine. Et aujourd'hui encore, quand je suis en voiture, si quelqu'un me demande quelle route prendre, je ne peux pas répondre. Je suis paralysée. Cette innocente question m'emplit de terreur. Soudain, je suis à nouveau une petite fille et, si je donne la mauvaise réponse, les troupes d'assaut nazies nous attendront dans le virage. Ce n'est pas le souvenir de la peur. C'est la peur elle-même, à jamais présente, du hideux danger qui m'attend si jamais je prends la mauvaise route.

Passer aussi près de la mort suffirait à marquer une personne à vie, mais ce n'était que la première fois, suivie de nombreuses autres. Une fois enfermés dans le ghetto, nous n'avons pas vécu un seul jour sans un danger égal ou pire. N'importe quel soldat allemand dans la rue pouvait décider de tuer un Juif si l'envie lui en prenait, et l'envie leur en prenait souvent. Ils avaient un quota quotidien de meurtres arbitraires. Il y avait fréquemment des sélections, des inspections, des fouilles, des comptages – selon leur bon plaisir. J'ai appris à sourire gentiment aux soldats qui risquaient de me tuer, afin de leur plaire juste assez pour qu'ils m'épargnent. Jusqu'à présent, cela avait marché.

Notre second tour arriva, trop vite à notre gré. Le médecin me scruta intensément. Je lui souris, en le regardant dans les yeux pour voir s'il me reconnaissait. Son regard ne révélait rien. Il ne manifesta aucunement qu'il avait pu nous voir avant. De toute façon, pour lui, nous n'étions pas des êtres humains.

Là encore, je fus envoyée à droite, et cette fois ma mère aussi, vers les files de femmes destinées aux camps de travail. J'avais réussi. Ma mère était de nouveau avec moi. Nous nous serrions l'une contre l'autre, tremblantes, dans une rangée de six femmes appartenant désormais à une brigade de travail, et non plus condamnées à la mort immédiate.

Mais qu'on ne nous imagine pas éperdues de joie. Nous étions éperdues de frayeur.

2

De la chambre froide au pont

Quand je repense à ma jeunesse, je vois qu'à chaque étape j'ai perdu quelque chose d'essentiel. En arrivant au camp de concentration de Stutthof, j'avais déjà été réduite à une privation presque totale. Je pense souvent à tout ce qui m'a été arraché – ma maison, mon père, mes grands-parents, mes oncles et mes tantes, ma langue et ma culture natales. Je pense à ces choses afin de récupérer un peu de ce monde perdu, tout au moins par la mémoire, et de le faire revivre.

Lorsque j'avais six ans, ma famille a été chassée de Francfort, exilée à Memel. Néanmoins, mes parents ont tout fait pour que j'aie une enfance heureuse et sereine, même après l'invasion de la Lituanie par les Russes en 1939. Mais mon enfance a sinistrement pris fin dans une glacière à viande, parmi les carcasses d'animaux écorchés, suspendues à des crochets.

Naturellement, l'odieux incident qui avait suivi notre pique-nique au Taunus, lorsque les soldats allemands avaient menacé de nous abattre simplement parce que nous étions juifs, avait pesé très lourdement sur la sécurité de mon enfance. J'étais trop jeune pour l'exprimer par des mots, mais je savais que les règles du monde avaient profondément changé. Jusque-là, j'avais cru ce qu'on m'enseignait, que Dieu vous protégeait du mal si vous faisiez le bien. Après, j'ai découvert que des gens bons et innocents pouvaient être abattus de sang-froid par le premier soldat venu s'il en avait envie.

J'avais eu à Francfort une petite enfance privilégiée sous l'aile protectrice de mon père, Philip Simon. Quand j'étais petite, je me considérais avant tout comme la fille de mon papa. C'était un juif orthodoxe allemand de la vieille école. Son père avait été rabbin à Memel, ce port de la Baltique qui allait être notre premier refuge. Enfant, mon père avait appris ce qui était bien et ce qui était mal, et jamais il n'avait remis en question ce qui lui était enseigné. Plus tard, il a fait de son mieux pour transmettre ses croyances à ses propres enfants, en nous offrant un modèle de comportement exemplaire.

Papa avait au moins dix ans de plus que Maman. Il était très convenable et raffiné. Il portait toujours un complet, avec un nœud papillon, et il fumait la pipe. Il était plutôt petit et trapu, avec beaucoup de présence et de dignité. Il subvenait aux besoins de sa famille, et faisait toujours l'impossible pour épargner à ma mère toute inquiétude ou difficulté. Il prenait ses responsabilités tellement au sérieux que je me souviens d'avoir eu pitié de lui, parce que le fardeau de notre entretien reposait sur ses seules épaules. Avec la confiance inconditionnelle qu'il avait en ses valeurs, Père donnait le ton à notre famille. Il était strict, mais je me rappelle sa rigueur avec infiniment d'amour. Si seulement nous avions pu grandir, nous, ses enfants, dans le monde qu'il souhaitait construire pour nous ! Mais l'histoire a démantelé son univers, et rien n'aurait pu le préparer, ni nous non plus, à ce que nous allions devoir affronter.

Papa se comportait avec assurance. À Francfort, il était un industriel prospère, et il assumait volontiers les responsabilités sociales qui accompagnaient la fortune dans notre société : bonnes œuvres, soutien aux institutions juives, sens de l'honneur personnel et critères moraux très élevés. Il n'était pas né à Francfort, mais il était un membre respecté de cette communauté profondément enracinée, où les Juifs avaient vécu sans interruption depuis le XIVe siècle au moins. Ils considéraient à juste titre qu'ils faisaient partie du paysage culturel.

Mon père et son frère possédaient une usine de papier. Nous vivions dans un appartement spacieux près du zoo, et menions une vie très confortable. Maman avait une femme de chambre et une cuisinière, et nous, les enfants, avions une nurse non-juive, Candy, pour s'occuper de nous. Elle nous parlait anglais, à Manfred et à moi. Cela faisait partie de la bonne éducation européenne qui nous était réservée.

Entre autres talents et compétences, Candy était une nurse certifiée. Son uniforme empesé et son bonnet orné d'une étoile de David rouge m'ont laissé une forte impression. Un jour, mon frère et moi avons attrapé la scarlatine, une maladie contagieuse, dangereuse et souvent fatale. Au lieu de nous envoyer à l'hôpital, mes parents nous ont gardés au lit à la maison pendant plusieurs semaines, et Candy était l'unique lien entre le monde extérieur et nous. Mes parents firent ouvrir une fenêtre spéciale dans la porte, et je me souviens d'eux qui nous regardaient par la vitre.

Les premières années de ma vie ont été violemment coupées du reste. J'étais née dans un monde sûr, avec de solides espérances pour l'avenir. Tout cela m'a été volé. Je repense à mon enfance à Francfort avec une grande nostalgie. Manfred et moi étions parmi les enfants les mieux habillés de la ville. Ma mère nous faisait confectionner des vêtements élégants, du genre qu'on voit sur les photographies solennelles de l'époque. Mais il ne reste pas le moindre instantané de notre enfance à Francfort.

Aujourd'hui, si l'on me demandait à quel moment s'est passée telle ou telle chose, je ne voudrais pas m'en souvenir par des dates, des noms et des adresses. Je préfère me rappeler simplement l'atmosphère d'amour, de sérénité et de sécurité. Mais nous avons été contraints de tout laisser derrière nous, famille, amis et possessions, parce que nous étions juifs. Je me répète toujours que nous n'avons jamais commis de crime, nous n'étions pas de mauvaises gens, il n'y avait aucune raison de nous punir pour quoi que ce fût. Quand on a tant perdu, et tant souffert, il arrive qu'on commence à se sentir coupable, comme si l'on avait fait quelque chose pour mériter toute cette souffrance. Mais nous n'étions coupables de rien. Je me répète sans cesse cette vérité.

Contrairement à la plupart des juifs allemands, Papa n'avait aucune illusion sur la possibilité de vivre en sécurité sous Hitler – peut-être à cause de cet incident terrifiant, en rentrant du pique-nique – et il était prêt à prendre le risque de s'exiler. Le port semi-autonome de Memel, sur la côte balte, était un choix logique, pour des raisons personnelles aussi bien que politiques. Mes deux parents étaient nés à Memel lorsque cette ville faisait encore partie de l'Empire allemand, et les parents de ma mère y étaient demeurés. Chaque été, notre famille y passait les vacances, de sorte qu'après l'été 1933 ma mère y resta, tout simplement, avec ses enfants.

Candy ne nous a pas accompagnés à Memel, où nous n'avons apporté que très peu de nos possessions : quelques meubles, de l'argenterie, deux ou trois tableaux. J'ai pris mes chers ours en peluche et ma poupée Leslie.

Ce ne fut pas une mince affaire, pour Papa, que de nous rejoindre. Il s'efforça de sortir d'Allemagne le plus d'argent possible – illégalement, bien sûr – en franchissant clandestinement la frontière vers la Hollande, avant d'entrer à Memel en qualité de réfugié apatride. Il n'avait aucun droit de citoyenneté dans sa ville natale, car elle était sortie de l'Empire allemand après la première guerre mondiale. Pendant toutes les années que nous avons passées à Memel, mon père devait constamment faire renouveler son visa. Quant à nous, je ne me rappelle plus quel était notre statut. Ce n'était pas l'affaire d'une petite fille.

Nous avons vécu chez mes grands-parents maternels jusqu'à ce que Papa réussisse à nous rejoindre, quelques mois plus tard. Nous nous sommes alors installés dans un appartement séparé, beaucoup plus modeste que celui que nous avions quitté à Francfort, mais agréable. Père se lança à nouveau dans les affaires, cette fois en tant que représentant de sociétés hollandaises de matériaux de construction.

Bien que Memel s'appelle aujourd'hui Klaïpeda et appartienne à la Lituanie, c'était une ville allemande depuis sa fondation au Moyen Âge. Après la première guerre mondiale, elle est devenue un objet de litige entre la Lituanie, qui n'a pas d'autre port, et la Pologne. Bien qu'elle ait été plus ou moins annexée par la Lituanie, la grande majorité de la population parlait encore allemand, et je fréquentais une école allemande. Nous avions cours le samedi, mais Père était intervenu pour demander que je sois dispensée de compositions et de devoirs à faire le samedi, afin que je n'aie pas à écrire le jour du shabbat.

Je n'ai pas souvenir d'incidents antisémites à l'école, même si nous n'étions que fort peu d'enfants juifs. Les enseignants étaient équitables, et je m'entendais bien avec mes camarades. J'aimais tout particulièrement jouer dans les spectacles de classe, et je rêvais de devenir actrice.

À Memel, je restais proche de mon père. Il m'emmenait avec lui à la synagogue. Le souvenir des mélodies qu'on y chantait vit encore en moi à ce jour, surtout le très bel hymne de Yom Kippour,

Kol Nidre. À Francfort, mon père fréquentait la grande synagogue orthodoxe officielle, et à Memel nous en fréquentions une similaire. J'apprenais des prières et des histoires de la Bible, mais je n'allais pas aux cours religieux de l'après-midi, qui étaient réservés aux garçons.

J'aime me souvenir de mon père comme d'un *tzaddik,* un juif juste, mais un vrai *tzaddik* est un pauvre homme qui donne tout ce qu'il possède, et Papa n'est devenu pauvre que lorsque nous avons été enfermés dans le ghetto. Il subvenait amplement à nos besoins. Mais il était toujours plus charitable que ma mère n'estimait que nous en avions les moyens. Je me souviens que je l'accompagnais acheter de la nourriture pour l'expédier aux malheureux Juifs de Pologne. Nous allions dans les meilleurs *delicatessen* casher de Memel (et plus tard de Kovno), où il choisissait les aliments de la meilleure qualité, meilleure que ce que nous-mêmes mangions à la maison. Il m'expliquait qu'il fallait toujours donner le meilleur aux pauvres. Telle était son interprétation du devoir de charité. Et dans mon travail aujourd'hui, qui consiste à fournir des soins dentaires gratuits aux personnes démunies de Jérusalem, je suis exactement le même principe.

Même en tant que réfugié, dans un monde qui avait commencé à s'écrouler, mon père maintenait des critères exigeants. Ses enfants devaient se tenir bien. Manfred et moi marquions à nos parents une politesse et un respect infaillibles. Il le fallait. Un samedi matin, en allant à la synagogue avec mon père, j'ai vu le mot *Hure* (putain) inscrit sur un mur. Je suis sûre que j'en ignorais le sens, sans quoi je n'aurais pas osé le prononcer devant mon père. Mais je le lus à voix haute, innocemment. La sanction fut immédiate : trois jours de confinement à la maison. Je ne pouvais qu'adresser des gestes désolés à Bessie, ma meilleure amie, par la fenêtre de ma chambre, au deuxième étage, où j'étais enfermée. Elle m'envoyait des messages, pour me communiquer les devoirs que j'avais à faire. À l'époque, je pensais que ce serait l'un de mes plus affreux souvenirs d'enfance.

Maman n'était pas strictement orthodoxe d'aspect. Elle était traditionnelle et suivait mon père en tout. Mais jamais elle n'a porté la perruque comme une femme ultra-orthodoxe, et elle nous accompagnait rarement à la synagogue, sauf pour les fêtes principales, le Nouvel An et Yom Kippour.

Une chose qu'elle partageait avec mon père, c'était son souci des pauvres. À Francfort, elle avait participé à la création d'un jardin d'enfants pour les familles juives démunies. C'était en 1931. Mais elle n'allait pas aussi loin dans la charité que mon père. Maman considérait que la famille passait avant tout.

Diplômée de l'académie de musique de Francfort, elle jouait très bien du piano et donnait des leçons. À Francfort, je pense que c'était surtout pour avoir une activité, mais à Memel, c'était aussi pour le revenu qu'elle en tirait. Nous avons toujours eu un piano à la maison, même quand nous avons dû fuir Memel et aller à Kovno.

Je prenais des leçons de piano, mais pas avec ma mère. Je me souviens que je jouais la *Lettre à Élise,* et que je jouais avec elle à quatre mains. Je progressais bien, jusqu'à ce que la guerre interrompe mes études.

Mon intimité avec Maman s'est développée à Memel. Peut-être avait-elle été un peu distante, à Francfort, parce qu'elle avait une nurse pour s'occuper de nous. C'était une femme supérieure, à l'intelligence bien développée. Elle lisait beaucoup, et avait un très bon jugement ; elle avait aussi une grande sagesse. Même enfant, je pouvais parler de tout avec elle. Elle avait aussi l'esprit moderne.

J'ai d'excellents souvenirs de Memel. Pendant tout le temps où nous y avons vécu, j'allais souvent chez mes grands-parents maternels. Nous leur parlions avec une politesse respectueuse. Nous n'utilisions pas de surnoms yiddish comme « Bubbie » et « Zaydie ». Nous les appelions « Grossmutter » et « Grossvater », Grand-mère et Grand-père. Nous parlions l'allemand avec eux, et jamais le yiddish, que nous ne connaissions pas. Tous les Juifs de Memel parlaient allemand.

Les parents de ma mère vivaient dans une maison agréable, typique de la moyenne bourgeoisie, et ma grand-mère me donnait des biscuits et des friandises, comme toutes les grand-mères. Je m'asseyais sur les genoux de mon grand-père et j'entortillais ses boucles blondes autour de mes doigts. J'ai toujours espéré que, quand j'aurais un fils, il aurait des boucles blondes comme mon grand-père. Ce souhait a été exaucé.

À Memel, j'ai également fait la connaissance d'autres membres de la famille de ma mère. Maman était l'aînée de quatre enfants. Ses deux frères étaient des jeunes gens sérieux qui débutaient dans la vie professionnelle, Benno en tant qu'avocat, et Jakob médecin. Ils étaient tous deux célibataires. J'aimais tout particulièrement la plus jeune sœur de ma mère, Tita, qui n'avait pas vingt ans. J'étais son petit trésor. C'était elle qui me faisait revêtir mes plus beaux atours pour m'emmener dans les salons de thé de Memel, où étaient organisés des après-midi dansants pour les enfants. L'orchestre entamait la première danse à cinq heures, et il y avait des concours de valse et de tango, où les récompenses étaient des ballons. J'avais huit ou neuf ans à l'époque, et j'étais petite pour mon âge, mais j'adorais me produire en public. J'avais toujours de jolies robes, et je n'ai jamais manqué une danse. Je revenais souvent à la maison rayonnante de plaisir, avec tout un bouquet de ballons multicolores à la main.

Tita a épousé un Juif de Riga, et ils ont tous deux été tués par les nazis. Récemment, l'un de mes rares cousins à avoir survécu m'a envoyé une photo du mariage de ma tante Tita, à Memel, à la fin des années 30. C'est la seule photo de famille qui ait subsisté, de toute mon enfance.

En fait, c'est l'unique objet matériel en ma possession qui me relie à ma vie d'avant la guerre. Je n'ai absolument rien d'autre de cette époque.

Sur la photo, je suis debout sur une chaise au dernier rang, à côté de mon oncle Benno. Dans le ghetto de Slobodka, les nazis ont assassiné Benno sous les yeux de sa propre mère. Mais j'anticipe. On ne voit rien de tout cela sur la photo, où nous sommes tous tellement heureux pour tante Tita. Elle préside la tablée avec le marié, l'air grave. Jakob, son frère aîné, est assis à côté d'elle, et à côté de lui leurs parents, mes grands-parents maternels, très fiers. Ma mère se tient debout derrière sa mère et, de l'autre côté de la table, à l'extrémité gauche de la photo, se trouve mon père, très élégant avec sa cravate noire et son plastron blanc, un mouchoir blanc dans sa poche de poitrine, et une *yarmulke* de satin noir sur la tête. C'est un homme bon, intelligent, digne, au regard lumineux.

Manfred, mon frère, ne figure pas sur la photo. Sans doute était-il alors dans le pensionnat juif, en Suède, où mon père l'avait envoyé poursuivre les études rigoureuses qu'il avait entreprises à Francfort. Il venait de terminer lorsque la guerre a éclaté, et mon père l'a fait revenir pour que la famille soit réunie, ce qui aurait pu coûter la vie à mon frère. Mais sur le moment, on n'avait aucun moyen de savoir ce qu'il fallait faire.

Je ne me souviens pas de Memel comme d'une ville particulièrement jolie, c'était juste un port. Mais mes grands-parents possédaient une maison de vacances dans une station balnéaire : à Polangen. Pour s'y rendre, il fallait prendre le bateau qui allait à Kœnigsberg. Polangen était l'endroit que j'aimais le plus au monde. J'avais beaucoup d'amis qui y allaient aussi tous les étés.

Nous sommes restés à Memel jusqu'à l'invasion allemande, le 21 mars 1939. À ce moment-là, nous sommes partis pour Kovno, en Lituanie, avec les parents de ma mère et le reste de sa famille. Nous n'avons pas fui dans une misère abjecte comme des réfugiés. Nous avons pu emporter bon nombre de nos possessions. J'avais toujours mes ours en peluche et ma poupée Leslie. Papa continuait à représenter des compagnies hollandaises en Lituanie.

Kovno était une ville beaucoup plus

raffinée que Memel, et qui avait infiniment plus de charme. Nous avons trouvé un appartement dans un quartier résidentiel, rue Kestiucho. L'école que je fréquentais, le Realgymnasia hébraïque, était à l'autre bout de cette large avenue, juste en face de l'opéra. Notre appartement était situé au quatrième étage, et Lena, notre domestique lituanienne, venait chaque jour faire le ménage et la cuisine.

La situation internationale ne me faisait pas peur. Ce qui me perturbait, c'était de changer d'école. Je passais d'une école allemande à une école juive, où l'enseignement se faisait en hébreu, que je ne connaissais pas. Soudain, je me retrouvais au milieu d'enfants nouveaux, dans une ville inconnue, et il fallait que je rattrape le niveau et que je m'adapte. Je détestais être une étrangère, en retard dans mes études à cause de la langue.

Je me donnais beaucoup de mal et je progressais bien mais, très vite, j'ai dû faire face à une nouvelle adaptation difficile. Les Soviétiques ont pris Kovno en juin 1940, et brusquement l'enseignement de l'hébreu a été interdit. Le yiddish est devenu la langue de l'enseignement. C'était suffisamment proche de l'allemand pour que je n'aie pas trop de difficulté à l'apprendre, et aujourd'hui encore je connais bien le yiddish. On enseignait aussi le russe et le lituanien à l'école, et je ne connaissais pas un mot de ces deux langues. Toujours surchargée de travail et soucieuse de réussir, j'avais des professeurs particuliers qui m'aidaient à apprendre par cœur des poèmes en russe et en lituanien, et je n'ai pas tardé à être parmi les meilleurs élèves de ma classe. En dépit de la difficulté, j'adorais apprendre de nouvelles langues. Lorsqu'on me demandait ce que je voulais devenir plus tard, je répondais « traductrice ou actrice », et quand le professeur demandait des volontaires pour jouer dans un spectacle de l'école, j'étais toujours la première à lever la main. Mais je n'ai guère eu l'occasion de me faire de vraies amies dans ma nouvelle école. Je devais être perturbée et désorientée par ces changements. Je me souviens de ces deux premières années à Kovno comme d'une période solitaire.

L'un de mes plus grands plaisirs, lorsque je vivais à Kovno, c'était le patinage sur glace (*zhozhikla* en lituanien). Il y avait deux patinoires, l'une sur le chemin de l'école, où j'allais deux fois par semaine, et la seconde à l'autre bout de la ville, que je fréquentais moins régulièrement. J'aimais beaucoup revêtir ma tenue de patineuse et aller faire des huit et toutes sortes de figures. Aujourd'hui encore, lorsque je vais dans une ville dotée d'une patinoire, j'essaie de trouver le temps d'aller louer des patins pour retrouver un peu de mon enfance, *zhozhikla* !

L'opéra de Kovno, avec sa coupole, était mon autre source de plaisir. C'était le plus bel opéra que j'aie vu de ma vie. Mes parents m'y emmenaient souvent pour entendre le grand Kipras Petrauskas. Rien de ce que je peux entendre aujourd'hui ne saurait rivaliser avec la magie de sa voix et l'enchantement d'entendre de la grande musique à un âge tendre.

Nous avons continué à vivre à peu près

sans problèmes après la prise de Kovno par les Soviétiques. Je me souviens surtout des femmes russes, dont les vêtements me paraissaient drôles et rustiques. Elles portaient parfois des robes qui ressemblaient à des chemises de nuit. La nourriture était rationnée, mais le régime russe n'était pas particulièrement dur, pour autant que je me souvienne. Et nous, les enfants, nous n'avions pas peur de la guerre, qui nous paraissait très lointaine.

Puis, en juin 1941, notre vie a changé radicalement. Nous avons entendu dire que les Soviétiques avaient décidé de déporter en Sibérie toutes les familles juives bourgeoises, et que nous figurions sur la liste. Le mot « Sibérie » évoquait dans mon esprit des horreurs effroyables. Même dans l'opinion plus raisonnée de mon père, aucun destin ne pouvait être pire que la Sibérie. Nous avions entendu quantité de rumeurs sur les conditions de vie inhumaines des camps de travaux forcés là-bas. Père ne pensait pas que Maman puisse survivre aux hivers arctiques, à cause de sa faiblesse cardiaque, provenant d'une maladie d'enfance. Et lui-même, homme raffiné qui approchait de la cinquantaine et qui n'avait jamais de sa vie exercé le moindre travail physique, comment aurait-il pu devenir bûcheron ? Quant à Manfred et moi, deux enfants juifs choyés, jamais nous ne pourrions survivre dans l'univers rude de ces terres lointaines et isolées. La seule chose à faire était de fuir. Tout était prêt pour que nous fuyions à Shanghai, mais les événements allaient trop vite. Notre départ forcé pour la Sibérie était imminent.

Nous avions cette maison de vacances au bord de la mer, et nous nous y sommes précipités dans l'automobile familiale. L'atmosphère dans la voiture était tendue. Mes parents discutaient à voix basse, et nous écoutions. Papa comptait attendre dans l'ombre que les Russes aient terminé leurs déportations vers la Sibérie, après quoi nous pourrions partir pour Shanghai comme prévu.

Papa gara la voiture dans une petite rue et nous quitta un moment. J'entendais un orchestre jouer une ouverture de

Beethoven dans le parc. Mon père revint bientôt avec un homme que je ne reconnus pas. Ils parlaient chaleureusement entre eux, comme de bons amis. Papa nous expliqua ensuite que c'était Jonas, le boucher. Notre maison de vacances se trouvait près du magasin de Jonas et, je ne sais comment, Papa avait fait sa connaissance. Il ne lui avait certainement jamais acheté de viande, car ma famille était strictement orthodoxe et ne mangeait que de la viande casher. Peut-être s'étaient-ils rencontrés en se promenant sur la plage. Mon père avait dû sentir que Jonas était quelqu'un sur qui nous pourrions compter en cas d'urgence, même si Jonas ne nous a pas cachés uniquement par bonté d'âme.

Je me souviens d'avoir vu de l'argent changer de mains. Puis Jonas nous a entraînés furtivement par-derrière, vers l'entrée de service de son magasin. Nous nous sommes faufilés dans l'escalier jusqu'à la chambre froide du sous-sol.

Là, nous nous sommes emmitouflés dans nos manteaux et nos couvertures les plus chaudes, et nous avons attendu que le danger soit passé – peut-être jusqu'au lendemain, pensions-nous.

Le temps se prolongeait, mais Jonas ne venait pas nous annoncer que tout allait bien. Nous ne faisions déjà plus la différence entre le jour et la nuit. Le temps aussi était gelé. Chaque minute durait une éternité. Combien de temps allions-nous donc rester dans l'obscurité de cette cave humide et glacée ? Je n'étais qu'une enfant. Je demandais sans cesse à mes parents : « Quelle heure est-il ? Combien de temps devrons-nous encore rester ici ? » Ils ne pouvaient pas me répondre, car ils ne savaient rien. Le suspense semblait faire de chaque minute une heure entière.

Je n'étais qu'une enfant. Comprenais-je la gravité de notre situation ? Sans doute, tout au moins dans la mesure où l'on peut comprendre, à un âge aussi tendre, quelque chose d'aussi éloigné de son expérience personnelle. Plus qu'autre chose, je comprenais l'anxiété que je lisais sur les traits de mes parents. Ils s'efforçaient de rester calmes et rassurants, mais combien de temps peut-on garder un visage trompeur ? Se cacher, c'était prendre un risque sans forcément y gagner. Une journée entière s'écoula, mais il était encore dangereux de sortir. Notre patience était presque à bout. Nous pouvions fort bien rester une semaine entière dans cette glacière, et tomber dans les bras de la police soviétique en sortant. Cependant, Papa nous parlait doucement, nous apaisait, nous donnait de l'espoir.

Trois fois par jour, Jonas descendait nous voir et nous apporter des aliments chauds, ainsi que les nouvelles qu'il avait pu entendre, et qui se résumaient à bien peu de chose. Dans le monde extérieur, la situation était changeante, et il était difficile d'obtenir des informations fiables. Même emmitouflés jusqu'aux yeux dans des couvertures, nous étions gelés. Nous avions bien besoin de ces repas chauds, et nous les engloutissions avec délectation, même s'ils n'étaient pas casher. Je n'avais encore jamais rien mangé qui ne soit pas casher. Je comprenais que ce devait être terriblement grave, pour que nous ignorions un principe aussi important de notre existence. Cette chambre froide était affreusement morne et lugubre, et il fallait que nous gardions un silence absolu tant que le magasin était ouvert. Personne à part Jonas – pas même sa femme et ses enfants – ne savait que nous étions là. Jonas risquait sa vie aussi. Si l'on nous avait découverts, on l'aurait abattu ou envoyé en Sibérie avec nous.

J'avais déjà eu peur une fois dans ma vie, lorsque les soldats nous avaient arrêtés au retour du pique-nique au Taunus, mais je n'avais jamais eu peur pendant aussi longtemps. Le froid s'insinuait en nous et nous faisait trembler, mais chaque fois que nous entendions approcher des pas et que le loquet de la porte s'ouvrait, nous tremblions encore plus violemment. Était-ce Jonas, qui nous apportait de la nourriture et des nouvelles ? Ou bien étaient-ce des soldats russes, qui venaient nous tuer ou nous traîner en Sibérie ?

Je brûlais de questions, des questions qui me tournent dans la tête depuis plus de cinquante ans. Pourquoi devions-nous nous cacher ? Pourquoi les Russes voulaient-ils nous envoyer en Sibérie ? Qu'avions-nous fait de mal ? Je n'osais pas poser ces questions à mes parents. Ils n'étaient pas d'humeur à chercher d'impossibles réponses. Personne ne pouvait trouver de réponse en ce temps-là, et aujourd'hui non plus.

Je me souviens d'avoir fixé interminablement les carcasses écorchées, des quartiers de vaches, de moutons, de cochons, et d'avoir eu des cauchemars où ils nous attaquaient. L'odeur de la viande vieillissante m'emplissait les narines. Aujourd'hui encore, quand il m'arrive de voir de la viande à l'étal d'une boucherie, je frissonne. Je me représente des corps humains suspendus nus à ces cruels crochets : les corps de ma famille. Bientôt, nous allions nous-mêmes nous muer en viande gelée. J'avais envie de demander à mon père : « En quoi la Sibérie pourrait-elle être pire ? »

Nous sommes restés cachés dans cette glacière pendant trois jours, et nous étions raides de froid malgré nos efforts pour nous lever et faire les cent pas, afin de maintenir la circulation du sang. Pendant ces trois jours, il n'y a pas eu un seul instant où je n'aie pas été terrifiée. Malgré nos vêtements chauds et nos couvertures, nous étions engourdis et à moitié morts, intérieurement et extérieurement, comme ces horribles carcasses d'animaux. Le troisième jour, quand les déportations vers la Sibérie ont été terminées, Jonas nous a annoncé que nous pouvions partir tranquilles. Nous avons gravi son escalier en chancelant, pour nous retrouver dehors par une belle journée ensoleillée. La rue ne paraissait pas vraie. Nous nous abritions de la main en clignant des yeux, et nous continuions à grelotter sous nos lourds vêtements d'hiver, qu'il a fallu ôter pour nous réchauffer. Il m'a semblé que le soleil mettait des heures à faire évaporer le froid accumulé de cette glacière.

Nous ne nous sentions plus aussi totalement vulnérables. Nous étions juste une famille pâle et larmoyante, un peu fripée mais bien habillée. Nous sommes montés en voiture et rentrés à Kovno, où Père s'est remis à préparer notre fuite à Shanghai. Mais l'Allemagne a attaqué la Russie le 22 juin 1942, et les Juifs restés à Kovno ont commencé à avoir de bonnes raisons de regretter de ne pas avoir été déportés en Sibérie. L'option Shanghai était morte. Personne n'allait plus nulle part.

Pour moi, l'Holocauste a commencé dans la chambre froide de Jonas. Cet épisode a marqué la fin de toute apparence de vie normale pour nous, en tant que famille juive. Nous avions été chassés de chez nous à deux reprises, d'abord de Francfort, puis de Memel. Qui aurait su prédire combien de temps nous pourrions rester dans notre appartement de Kovno ? Nous savions que nous ne pouvions plus compter sur les non-Juifs. Jonas était une exception, et lui-même voulait être rétribué pour sa bonté. Nous savions aussi que nous ne renoncerions pas. Nous ferions l'impossible pour survivre ensemble, en famille.

Pendant l'invasion allemande, après le départ des Russes, les partisans lituaniens se sont déchaînés. Avant que les nazis n'imposent brutalement à la population leur ordre impitoyable, il y eut une période de terreur et d'anarchie. Les gens avaient des comptes à régler, vrais ou inventés, pour des choses qui s'étaient passées sous l'occupation russe. Des Lituaniens qui avaient été nos voisins, nos clients et nos partenaires en affaires, se sont lancés dans ce sport profitable qui consistait à tirer sur les Juifs. C'était comme si cette scène de mon enfance à Francfort s'était indéfiniment rejouée, mais en bien pire.

Je ne comprends toujours pas comment des personnes qui avaient vécu en paix comme voisins, clients et partenaires des Juifs pendant des générations, ont pu soudain devenir des assassins. Cela change le regard qu'on pose sur les gens. On voit des jeunes dans la rue, et on se demande : « Est-ce qu'eux aussi pourraient commencer à tirer au hasard sur les gens ? » Des groupes de voyous en uniforme écumaient les rues, tuant et pillant. Nous les entendions aller de maison en maison, entrer de force en cassant tout, raflant les Juifs et les massacrant, famille par famille. En risquant un œil par la fenêtre, nous les voyions emporter tout ce qu'ils pouvaient voler.

Je me surprenais à regretter la sécurité de la chambre froide de Jonas. Recroquevillés les uns contre les autres dans le salon, nous priions en silence pour que les pillards négligent notre appartement du quatrième étage. Puis nous avons entendu leur vacarme dans l'escalier, jusqu'à notre étage. La porte verrouillée ne leur a guère résisté, et ils ont fait irruption chez nous.

Comme il n'y avait nulle part où nous cacher, nous n'avons même pas essayé. Six ou sept jeunes gens engoncés dans des uniformes, des Lituaniens armés de fusils, emplissaient la pièce d'un danger terrible. Nous étions pris au piège, impuissants dans notre propre salon. C'était inimaginable de voir ces barbares dans le sanctuaire de ma mère. Elle s'était donné tant de mal pour le décorer, pour en faire un endroit civilisé, pour que ce soit propre et bien rangé. Comment leurs bottes dégoûtantes pouvaient-elles piétiner et souiller nos tapis !

« Face au mur, bande de porcs juifs ! »

L'image des quartiers de porcs écorchés qui étaient suspendus aux crochets, dans la chambre froide de Jonas, m'apparut brièvement. Soudain, je sentis à nouveau le froid glacial. Manfred et moi nous serrions le plus possible contre nos parents.

Puis, chose surprenante, Lena, notre charmante domestique lituanienne, vola à notre secours. Elle travaillait chez nous depuis notre arrivée à Kovno. Je l'aimais énormément, et elle m'aidait à apprendre le lituanien. Lena était menue et jolie, et elle arborait un uniforme noir avec un tablier blanc. Elle plaida auprès des envahisseurs : « Ayez pitié de cette gentille famille. Ne voyez-vous pas que ce sont des gens bons et cultivés ? N'avez-vous donc pas de respect ? »

Comment les assassins allaient-ils réagir ? Étant face au mur, nous ne pouvions que deviner ce qui se passait. Peut-être tueraient-ils Lena, pour avoir pris notre défense. Bientôt, des coups de feu retentiraient dans cette pièce où notre famille avait pris ses repas, célébré les fêtes, écouté de la musique – et ce serait la fin de tout. Le papier mural que j'avais sous les yeux serait la dernière chose que j'aurais vue. Nos corps sanglants resteraient en tas, et les pillards dévasteraient notre appartement.

Un miracle se produisit alors. Les paroles de notre servante calmèrent les assassins. Ils baissèrent leurs fusils et nous laissèrent tranquilles. Ils raflèrent quelques objets de valeur et saccagèrent des bibelots en sortant, mais au moins nous étions encore tous en vie. Nous serrâmes Lena dans nos bras, dans un élan de gratitude muette, mais les bruits de coups de feu dans l'appartement de nos voisins nous glacèrent. Les autres Juifs n'avaient pas une Lena pour voler à leur secours.

Lorsqu'ils ont pris le pouvoir, les nazis ont mis fin au pillage et aux meurtres des

Lituaniens – et les ont remplacés par un massacre beaucoup plus systématique et brutal.

L'attaque allemande contre la Russie a commencé le 22 juin 1941. Dès le 10 juillet, les nazis contrôlaient suffisamment le pays pour ordonner aux Juifs de porter l'étoile jaune à compter du 12. Je ne me rappelle plus comment ont été distribuées les étoiles. Je crois que ma mère les a cousues sur nos vêtements, au dos et sur la poitrine. Je n'ai jamais éprouvé de honte à porter l'étoile jaune. Jamais les nazis n'ont réussi à me faire croire qu'être Juive puisse être un péché.

Après cette période de terreur capricieuse, nous avons presque été soulagés de voir les Allemands imposer de l'ordre. Mais les événements avançaient très vite. Si nous, les Juifs, avions la moindre illusion sur le traitement à attendre des Allemands, ce fut de très brève durée.

Comment communiquer l'étrange et cruel sentiment de dislocation qui m'affligeait ? L'allemand était ma langue maternelle. Dans ma famille, nous nous enorgueillissions de bien le parler. Les livres d'enfants que j'aimais étaient tous en allemand. Mes amis et mes professeurs, à Memel, avaient tous été allemands. Mais voilà que les Allemands étaient devenus des assassins. On ne pouvait plus avoir confiance en rien de ce qu'ils disaient ou faisaient. Tout n'était plus qu'un masque pour l'assassinat.

En juillet et en août, les Allemands pourchassèrent les trente mille Juifs qui restaient à Kovno jusque sur l'autre rive de la Nemunas, dans une banlieue nommée Slobodka, où ils constituèrent un ghetto. Il leur fallut plusieurs jours pour nous y enfermer tous, mais ce fut la fin absolue de notre existence « confortable ». Maintenant, avec les dizaines de milliers d'autres Juifs de Kovno, chassés de chez nous, nous étions réduits aux seules possessions que nous avions pu emporter nous-mêmes. Je pris quelques-unes de mes jolies robes et quelques colifichets, que je croyais être des bijoux de valeur. Je n'étais pas particulièrement bébé, mais j'ai quand même pris mes ours en peluche et ma poupée, Leslie, que j'avais emportée de Francfort et que j'avais chérie à Memel. Elle était le dernier vestige de mon enfance heureuse, et j'ai réussi à la conserver jusqu'à la destruction du ghetto en 1944.

Ceux qui en avaient les moyens louèrent aux Lituaniens des charrettes pour des sommes exorbitantes. Notre famille parvint à s'en procurer une, et nous entassâmes dessus tout ce qui pouvait y tenir, avant de la tirer dans les rues sous un soleil de plomb. Les gens pauvres devaient porter tous leurs biens dans leurs bras. Des enfants à peine capables de marcher traînaient des charges trop lourdes pour eux. De cruels soldats allemands hurlaient et nous bousculaient. Le soleil nous accablait. Nous étions en sueur, haletants sous nos fardeaux, terrifiés. Nous avons tous traversé le fleuve sur un large pont en béton, malades et bien portants, jeunes et vieux, mères pétrifiées avec leurs bébés serrés dans leurs bras. Je songeais à l'Exode d'Égypte, aux milliers de Juifs attroupés et franchissant la mer

Rouge avec toutes leurs possessions terrestres sur le dos. Mais nous ne passions pas de l'esclavage à la liberté. Nous entrions dans une servitude autrement cruelle que tout ce qu'avaient pu infliger les Égyptiens aux Israélites.

Une fois arrivés dans le secteur du ghetto, il y avait encore un pont à traverser, un étroit pont de bois que les nazis avaient forcé les Juifs à construire. J'avais toujours considéré les ponts comme des symboles d'espoir, des structures reliant des lieux entre eux, permettant aux gens de franchir un obstacle. Mais celui-là était un pont de désespoir.

Ici et là, les murs de Slobodka étaient éclaboussés de taches rouge vif, et cela me réconforta, car le rouge était ma couleur préférée. Je me souviens que je tentais de réconforter mes parents accablés en leur disant : « Regardez la jolie peinture. » Et ils n'avaient pas le cœur de me dire que c'était du sang humain.

3

Exilés au ghetto

Mon enfance a pris fin le 15 août 1941, lorsque les nazis ont dressé une muraille de barbelés tout autour du ghetto de Kovno. Des soldats allemands nous surveillaient sans relâche tandis que nous entrions dans le ghetto, en hurlant des menaces dans des haut-parleurs pour nous forcer à aller plus vite. Personne n'osait ouvrir la bouche pour se plaindre ou protester, ni même poser la moindre question. Nous pouvions être abattus à tout moment. Aujourd'hui encore, je suis terrorisée quand j'entends un haut-parleur dans la rue.

Nous sommes devenus des prisonniers, à qui il était interdit de quitter le ghetto. Nous étions entassés dans un habitat totalement inadapté au grand nombre de gens, coupés du monde extérieur, privés de tout contact avec les autres communautés juives, et totalement dénués de protection. Il n'existait aucune cour de justice impartiale, aucun gouvernement auquel nous puissions nous adresser. Nous n'avions absolument aucun pouvoir politique, ni aucun accès à ce qu'on appellerait aujourd'hui « les médias ». Nous étions entourés de soldats allemands et d'une population lituanienne qui s'était montrée hostile jusqu'au meurtre à l'égard des Juifs.

N'étant qu'une enfant, je n'avais pas conscience de la situation dans son ensemble. Je savais seulement que la vie était devenue extrêmement dangereuse pour les Juifs, et que je n'étais plus libre d'aller et venir – ce qui était très pénible.

Le quartier de Slobodka, que les Allemands ont transformé en ghetto, avait été un centre important d'études juives orthodoxes, où l'on comptait nombre de grandes yeshivas, les écoles judaïques, et en particulier la célèbre yeshiva de Slobodka, l'une des plus éminentes institutions de recherche et de savoir du monde juif, le centre d'une puissante tradition morale et intellectuelle. Cette yeshiva avait été le noyau d'une intense communauté ultra-orthodoxe : des enseignants, des rabbins et d'autres personnalités religieuses qui souhaitaient vivre dans une atmosphère de recueillement.

À la fin du mois de juin, avant de nous entasser à Slobodka, les Allemands avaient laissé les Lituaniens y perpétrer un massacre effroyable, profanant les synagogues et les rouleaux de la Torah, égorgeant plus de mille personnes, pour la plupart des rabbins, des élèves des yeshivas et leurs familles. C'était leur sang qui avait rougi les murs de la ville.

Même après le massacre de la communauté orthodoxe de Slobodka, il ne restait pas assez de place pour tous les autres Juifs de Kovno. Quant aux habitants non juifs des taudis les plus misérables de Slobodka, ils avaient reçu l'ordre d'en partir, et ce furent les familles de la bourgeoisie juive qui durent prendre leur place, échangeant leurs beaux appartements spacieux, situés dans des quartiers agréables, contre de sordides pièces uniques et dépourvues de confort.

Ma famille s'est ainsi retrouvée dans une seule pièce d'environ trois mètres sur quatre, sans rien d'autre que quatre lits et un placard. Dehors, dans le couloir, il y avait une petite cuisine et un cabinet de toilette. À l'exception de nos trois jours dans la chambre froide, nous n'avions jamais vécu dans un logis aussi étriqué. Je me souviens néanmoins d'avoir été bien contente d'y arriver enfin. Nous avions été chassés de chez nous et poussés dans les rues, sans savoir ce qui nous était réservé, ni même si nous serions encore en vie pour voir le soleil se coucher. Maintenant, au moins, nous avions un endroit où vivre. C'était une petite chambre, mais il y avait quatre murs et un toit, et c'était chez nous.

Quand les Allemands nous avaient ordonné de quitter nos maisons de Kovno pour aller dans le ghetto de Slobodka, ils nous avaient dit d'emporter tout notre argent et nos objets de valeur. Et mes parents, s'efforçant de percevoir ce que l'avenir nous réservait, y avaient vu un bon signe. Ils se disaient que les Allemands devaient nous préparer une sorte de nouvelle vie – certainement pas aussi bonne qu'avant l'invasion de la Lituanie par les Russes, ni même que pendant la brève période précédant l'entrée au ghetto, quand nous devions porter l'étoile jaune et faire face à toutes sortes de discriminations arbitraires, mais tout de même une vie. S'ils prévoyaient de nous tuer, pourquoi nous dire d'emporter nos objets de valeur ?

Je nous vois encore faisant nos bagages, avant le départ. Notre train de vie était très réduit par rapport à ce qu'il avait été à Francfort et à Memel, mais nous avions encore de belles choses : des meubles, des tapis, et tout un bric-à-brac que nous allions devoir laisser derrière nous, et aussi des vêtements très encombrants ou trop élégants pour qu'on les emporte – les plus belles robes de ma mère, les costumes si bien coupés de mon père, mes robes de fête et mes chaussures vernies. J'ai eu bien du chagrin à dire adieu à des poupées et à des livres qui n'entraient pas dans ma valise, et aux jolis vêtements que je ne reverrais jamais.

Ma mère prit tous ses bijoux, ce qui ne constituait certes pas un bien gros trésor, mais ces objets lui étaient précieux parce qu'ils lui avaient été offerts par mon père, lors de célébrations particulières, au cours de leur vie conjugale : quelques bagues et bracelets en or, un collier ou deux ornés de pierres précieuses, une paire de boucles d'oreilles en perles. Elle les sélectionna un à un, et les disposa soigneusement dans son coffret à bijoux. Mon père y ajouta ses objets personnels, une montre en or avec sa chaîne, quelques épingles de cravate, des boutons de manchettes et des boutons de chemise d'apparat, et une ou deux bagues.

Ils se rendaient compte qu'ils allaient sans doute devoir échanger ces objets contre de la nourriture, dans cet avenir incertain. Combien de pains vaudrait la bague de fiançailles de maman ? Combien d'œufs pour sa broche en camée ? Au moins, ces bijoux offraient à notre famille quelque espoir de sécurité.

Nous avons vidé notre charrette et disposé nos affaires du mieux que nous avons pu. Harassés, nos parents se sont ensuite reposés, mais Manfred et moi étions fébriles. L'odeur de la pièce nous rappelait celle de la boucherie de Jonas. Quelqu'un avait apparemment jeté des seaux de peinture rouge aussi sur les murs intérieurs. J'allai poser le doigt sur une tache rouge, et personne n'eut besoin de m'expliquer. J'avais compris que c'était du sang humain.

Notre pièce se trouvait dans un grand ensemble d'immeubles de trois étages, tout en longueur comme des trains, avec des entrées séparées disposées autour d'une grande cour. Les parents de ma mère et mes deux oncles s'installèrent dans un appartement proche.

Si l'on peut parler de chance en pareilles circonstances, notre famille avait la chance de rester ensemble. Lorsque nous avions été chassés de Memel à Kovno par les nazis, la famille de ma mère était venue avec nous, à l'exception de ma tante Tita, qui avait suivi son mari à Riga. Mes deux oncles, Jakob et Benno, étaient très dévoués à leurs parents et vivaient avec eux. Dans le ghetto, c'était encore bien agréable de continuer à les voir, comme avant. Nous apportions de la nourriture à mes grands-parents, car ils n'avaient aucun droit à des rations sous prétexte qu'ils ne travaillaient pas. Je volais de la nourriture pour eux lorsque je travaillais en dehors du ghetto.

Quand Papa a vu comme notre chambre était petite et vide, il s'est rendu compte qu'il n'y avait pas de cachette sûre pour les bijoux. Qu'est-ce qui allait empêcher n'importe qui d'entrer chez nous pendant que nous serions sortis, et de voler nos biens ? Nous ne pouvions pas assurer des tours de garde vingt-quatre heures sur vingt-quatre dans la chambre.

Derrière notre immeuble, il y avait un grand terrain vague. Par une nuit bien sombre, peu après notre arrivée au ghetto, Papa et Manfred sortirent en secret pour aller enterrer la plupart des bijoux derrière la maison. « Maintenant », plaisanta Papa à son retour, en se lavant les mains, « nous avons de l'argent à la banque. »

Il y avait des terrains vagues derrière tous les taudis. Les enfants les plus jeunes allaient y jouer à des jeux violents dans les hautes herbes, loin des regards de leurs parents. Mais je ne voulais pas me joindre à eux. Un brusque changement s'était fait dans mon caractère. Je me rendais compte que ce n'était pas le moment de jouer. Pour moi, ces terrains vagues étaient un symbole de danger, et non de liberté.

Je n'ai pas souvenir d'avoir eu des amis de mon âge dans le ghetto. Je n'avais passé que deux ans en Lituanie avant la guerre ; c'était trop bref pour me faire des amis vraiment intimes. Je n'étais pas une petite fille solitaire, mais j'étais indépendante.

Les nazis ont tout de suite organisé le Judenrat, un comité administratif composé de fonctionnaires juifs qui étaient forcés d'exécuter les ordres des nazis. Papa a commencé à y travailler comme employé, avec huit autres personnes.

Quelques jours après le bouclage du ghetto, une proclamation a été faite par haut-parleurs : un travail spécial serait confié à des étudiants et à des diplômés. Comme il n'y avait que quelques centaines de postes, les postulants étaient priés de se présenter immédiatement sur une certaine place du ghetto.

À Kovno, de nombreux Juifs étaient instruits et exerçaient des professions telles qu'ingénieur, physicien, pharmacien. Ils encourageaient leurs enfants à faire des études et à progresser. La guerre avait interrompu leurs progrès, mais voilà que les nazis semblaient offrir une chance spéciale à ces jeunes gens. Leur instruction allait se révéler utile.

Des centaines de brillants jeunes gens se précipitèrent sur la place avec leurs diplômes, impatients de commencer à travailler pour pouvoir entretenir leurs familles et survivre pendant la guerre. Les Allemands les emmenèrent et l'on n'eut plus de nouvelles pendant deux ou trois jours. Nous avons appris par la suite qu'ils avaient tous sans exception été exécutés, froidement, à la mitraillette.

La vie au ghetto se résumait à une routine morne et déprimante, ponctuée de violentes tragédies. Il y avait constamment des meurtres, des rafles, des sélections, et ce que les Allemands appelaient *Aktionen*. Ils liquidaient systématiquement ceux qui ne pouvaient pas travailler, mais on n'était pas nécessairement en sécurité parce qu'on était apte, car il y avait aussi des meurtres gratuits, pour le plaisir. Ils avaient des quotas journaliers. Un certain nombre de Juifs étaient tués chaque jour, au hasard : les nazis les arrêtaient simplement dans la rue, ou les arrachaient de leurs maisons, sans raison particulière.

Un dimanche, nous avons entendu des coups de feu dans la maison voisine. Je ne sais pas pourquoi, mais ces coups de feu ont particulièrement alarmé ma mère, alors même qu'on en entendait souvent dans le ghetto. On avait le droit de sortir de chez soi, mais il était dangereux d'être dans la rue ; il y rôdait sans cesse des soldats allemands, et ils tuaient les gens quand l'envie leur en prenait. On ne pouvait jamais savoir quand on risquait d'être arrêté et abattu, soi-même ou les gens qu'on aimait.

C'était le printemps. Je me rappelle la fraîcheur de l'air, la douceur du soleil et le feuillage des arbres. Derrière les immeubles, les terrains étaient couverts de hautes herbes et de fleurs sauvages aux couleurs vives. Les coups de feu provenaient des proches alentours de chez mes grands-parents. Ma mère l'a su aussitôt : « C'est dans la cour de mes parents. » Elle s'est élancée dehors en direction des coups de feu, ce qui était une folie. Comme je ne pouvais pas la retenir, je l'ai suivie.

En arrivant chez mes grands-parents, nous avons d'abord vu ma grand-mère. Deux soldats la maintenaient et elle se débattait entre leurs bras, pour courir vers l'extrémité de la cour. Elle hurlait. Je n'aurais jamais imaginé qu'elle puisse hurler si fort. Et puis nous avons vu les autres soldats qui entraînaient mon oncle Benno vers un mur. Ils avaient enfoncé la porte de chez mes grands-parents et s'étaient jetés sur Benno, le poussant dans l'escalier à coups de pieds. D'autres soldats s'étaient emparés de ma grand-mère, l'obligeant à les suivre. Elle implorait leur pitié, ce qui les divertissait.

Pourquoi avaient-ils choisi Benno pour victime ? C'était un jeune homme sérieux, un bon fils, un oncle charmant. Il n'avait aucune activité clandestine et n'avait rien d'un meneur. Mais c'était un jeune avocat, et ils s'en prenaient à lui parce qu'ils voulaient humilier les intellectuels juifs, nous montrer que les qualités et les réussites personnelles d'un Juif ne signifiaient rien pour eux. Benno avait fait des travaux forcés comme les autres, mais ce n'était pas une dégradation suffisante pour eux. Les nazis décidèrent de l'inclure dans leur quota quotidien de meurtres.

Les soldats n'avaient pris que Benno et sa mère, laissant à l'intérieur Grand-père et Jakob, qui avaient eu peur de suivre les soldats dans l'escalier. Ils auraient sûrement été tués aussi. Mon oncle ne disait pas un mot. Folle d'appréhension et de chagrin, Grand-mère fut forcée d'assister à l'assassinat de son propre fils.

Les soldats qui le tenaient savaient bien qui il était. Leur chef déclara : « Maintenant, tu vas voir ton fils l'avocat se faire descendre sous tes yeux. Nous allons nous débarrasser de lui. » Grand-mère suppliait : « Je l'ai nourri de mon lait. Vous ne pouvez pas me prendre mon fils. C'est impossible ! » Mais les soldats s'amusaient bien.

Ils ont poussé Grand-mère et Benno dans la cour, puis ils ont traîné Benno jusqu'au mur, pendant que deux autres tenaient ma grand-mère. Et ils ont tiré trois balles dans le dos de Benno.

Oncle Benno n'aurait rien pu faire pour échapper à la mort ; c'était le cas de la plupart des gens que les nazis assassinaient. Mais d'autres sont morts parce qu'ils désespéraient de tout.

Je me souviens de jeunes mères dans le ghetto qui perdaient tout espoir de survivre et se résignaient à une mort qu'elles croyaient inévitable, mais qui ne pouvaient pas accepter l'idée que leur bébé doive partager leur destin. Elles arrivaient parfois à s'entendre avec des familles de paysans lituaniens, qui consentaient à prendre l'enfant – souvent pour de l'argent. J'ai assisté à des scènes de ce genre dans notre immeuble. Les mères emmitouflaient leurs petits enfants dans des sacs en jute. Puis elles les droguaient avec une poudre somnifère pour qu'ils ne pleurent pas, et la nuit elles lançaient leurs bébés endormis par-dessus le mur du ghetto, aux paysans qui attendaient. Ce souvenir – des mères juives qui jetaient leurs bébés à des paysans chrétiens, parce que c'était le seul espoir de survie pour leurs enfants – me hante encore avec autant d'insistance que tout ce qui a pu m'arriver personnellement. Lorsque j'ai eu des enfants à moi, puis des petits-enfants, j'ai essayé d'imaginer ce que ces jeunes mères avaient dû ressentir en abandonnant leurs bébés – un amour tellement tragique, désespéré, dévoué.

C'était le seul espoir de survie de ces

bébés. Tous auraient été tués lors d'une *Aktion* ou d'une autre, bien avant la liquidation du ghetto. Certains de ces bébés ont effectivement survécu. Une de mes cousines a ainsi été lancée par-dessus la clôture, et gardée pendant la guerre par une paysanne. Elle a finalement été restituée à sa famille naturelle, et elle a quitté l'Union soviétique dans les années 70 pour venir en Israël. Un autre de mes cousins a été sauvé par une famille *Volksdeutsch* qui l'a élevé, et il est resté en étroit contact avec ces gens.

Tout manquait dans le ghetto, surtout la nourriture. Les Allemands distribuaient des tickets de rationnement pour les produits de base, jamais assez pour nous nourrir suffisamment – quelques grammes de pain ou de farine, quelques racines alimentaires, mais jamais de légumes verts ni de fruits, jamais de viande ni de laitages. Nous devions compléter nos rations avec ce que nous pouvions nous procurer clandestinement, à des prix exorbitants, auprès de paysans lituaniens qui trouvaient le moyen d'entrer en contact avec nous pour s'enrichir. Il était donc rassurant de savoir que nous pourrions déterrer les bijoux de ma mère et les vendre quand nous viendrions à manquer de nourriture.

En septembre 1941, les Allemands publièrent une proclamation : les Juifs du ghetto de Kovno devaient se dépouiller de tous leurs objets de valeur. Ils devaient les placer sur leur table de cuisine, et les Allemands passeraient d'appartement en appartement pour les confisquer. Si quelqu'un était pris à dissimuler de l'or ou des bijoux après la date de la fouille, cent Juifs seraient tués.

Encore un rayon d'espoir qui s'effaçait.

Nous étions effrayés et nous hésitions. Seul mon frère était confiant. Papa et lui avaient enfoui les bijoux là où jamais personne ne pourrait les trouver. « Les enfants ont couru par-dessus dans tous les sens, il ne reste plus aucune trace du trou où ils sont cachés. Pourquoi les donner ? »

Maman objecta : « S'ils viennent et que nous n'avons rien, cela va les rendre soupçonneux. Ils nous fouilleront, nous battront, peut-être même nous tueront. Il faut sacrifier au moins une partie des bijoux. »

Papa exprima clairement le dilemme. Nous étions condamnés si nous les donnions, et condamnés si nous ne les donnions pas. « Si nous rouvrons le trou pour en sortir une partie des bijoux, quelqu'un pourrait nous voir et nous dénoncer. Malgré tous nos soins, nous laisserons des traces au sol, et les gens remarqueront que quelqu'un a creusé. Si les nazis remarquent le trou et trouvent nos objets de valeur, ils tireront les gens de la maison la plus proche et les fusilleront. Si ce ne sont pas les nazis, ce sera un voleur qui les récupérera. »

Que pouvions-nous faire ? L'heure fixée par les nazis approchait rapidement, et nous n'avions toujours pas pris de décision. Ces quelques bijoux, derniers vestiges de la prospérité de notre famille, dernier lien avec la grande maison de Francfort et mon enfance heureuse là-bas, faisaient tampon entre nous et la faim. En dehors du ghetto, ils n'auraient pas valu une grande fortune, mais ici ils étaient tout, et nous étions réduits à nous en dépouiller. C'était douloureux. Insultant. Cruel. Et surtout, qu'est-ce que cela présageait pour notre avenir ?

Partout dans le ghetto, les Juifs étaient tourmentés par la même question : renoncer à ses objets de valeur ou courir le risque constant d'une mort horrible. Était-ce vraiment un risque supérieur ? De toute façon, les nazis abattaient les gens de sang-froid lorsqu'ils en avaient envie. Personne ne savait en sortant de chez lui s'il y reviendrait plus tard. Pourquoi ne pas prendre le risque ? Les Russes finiraient bien par chasser les Allemands de Lituanie. La guerre prendrait fin. Nous pourrions alors déterrer nos bijoux et avoir quelque chose pour commencer une nouvelle vie. Si nous les abandonnions, nous n'aurions plus rien.

Je crois que, finalement, mon père a décidé de déterrer les bijoux et de tous les abandonner pour sauver des vies innocentes. Si jamais les nazis les découvraient, et qu'il y ait des enfants en train de jouer dans cette partie-là du terrain vague, les nazis abattraient les enfants ou tout autre passant innocent. Aussi, une heure avant l'arrivée des Allemands pour saisir nos objets de valeur, Manfred et mon père sont allés rechercher les bijoux. Nous les avons disposés soigneusement sur la table de la cuisine, et les avons contemplés tristement en attendant les Allemands. Tant de souvenirs étaient attachés à ces bijoux : les anniversaires de Maman, des anniversaires de mariage de mes parents, d'heureuses occasions célébrées par un cadeau. Et puis ces bijoux avaient représenté pour nous tant d'espoir. Ils auraient pu faire toute la différence entre mourir d'inanition et survivre.

Lorsque les soldats firent irruption dans la pièce, l'emplissant de leur présence sombre et menaçante, avec une odeur de tabac, d'huile de machine, de cuir et de sueur, en criant des ordres de leurs voix brutales, et en giflant Manfred pour le plaisir, je me suis forcée à ne pas pleurer, à ne pas geindre de terreur, mais à seulement les regarder établir la liste de ce qu'ils prenaient, avec une efficacité de fonctionnaires. La liste n'était pas faite pour nous donner à croire que nos bijoux nous seraient rendus, mais pour empêcher les soldats de rien empocher. « Une paire de boucles d'oreilles en diamants, un collier de perles, une paire de boutons de manchettes en argent, une montre en or avec chaîne. » Même mes quelques babioles disparurent avec ce tas de bijoux : une simple broche, un petit bracelet avec des pendeloques, une minuscule bague en or.

Dans le ghetto, notre vie religieuse sombra. Je ne savais pratiquement plus quand était le shabbat. Je n'ai le souvenir d'aucune célébration. Cependant, Papa priait chaque matin à la maison. Je le vois encore mettant ses *tefillin.* Tout le temps qu'il a vécu dans le ghetto, jamais il ne s'est révolté contre Dieu, mais moi si. Je cherchais Dieu, et je ne Le trouvais pas. Où était la justice en ce monde ?

Malgré tout, et même sans foi religieuse,

il fallait continuer à espérer. On ne savait jamais ce que le lendemain allait apporter. On s'attendait au pire, mais on espérait un miracle. La libération, à peine imaginable, était trop lointaine pour qu'on pût y compter, mais certains d'entre nous parvenaient à entretenir une petite flamme d'espérance, qui nous donnait le courage de vivre.

Peut-être parce que j'étais enfant, je ne me souviens pas d'avoir entendu parler de la guerre, tout au moins les deux premières années dans le ghetto. Mais je me souviens d'avoir entendu parler de gens qui s'étaient enfuis du ghetto, surtout des jeunes gens qui tentaient de rejoindre les partisans. Mais ma famille n'avait nulle part où s'enfuir. Manfred ou moi aurions peut-être pu réussir à nous enfuir seuls, mais nous avions décidé de rester ensemble en famille. Pour autant que je sache, nous n'étions pas en contact avec la résistance. Nous nous efforcions juste de tenir.

Les années de ghetto ont été une époque de grande peur, de peur constante. Chaque jour des gens étaient tués. De temps en temps, les Allemands organisaient des *Aktionen* et rassemblaient tous les habitants du ghetto. Ils annonçaient par haut-parleur que nous ne sortirions pas. Au lieu d'aller travailler, tout le monde devait se réunir sur la grande place en terre battue. Nous étions alignés en longues rangées. Les soldats allemands passaient dans les rangs en faisant siffler leurs badines et en frappant les gens pour les faire tenir droits, ou même sans raison du tout. Ils parcouraient les rangs, séparant les personnes pour les expédier à gauche ou à droite.

Ils ne nous disaient pas qu'à droite on allait travailler, et qu'à gauche on allait mourir. Mais nous, les Juifs, le savions. Nous passions de longues heures dans l'effroi. Les nazis séparaient délibérément les familles, par cruauté. Notre famille à nous restait soudée. Je me forçais à rire et à sourire, à avoir l'air aussi charmante que possible, dans l'espoir que mes sourires nous sauveraient et nous garderaient ensemble. En fait, jusqu'à la grande

Aktion des Enfants en 1944, nous avons eu de la chance. À l'exception de Benno, nous sommes tous restés vivants et unis.

Dans le ghetto, je me suis fait un serment : j'allais faire tout mon possible pour encourager les autres et vivre avec un sentiment d'espoir. Après la guerre, si je survivais, j'aiderais les autres. J'étais pleine d'idées. Les gens m'appelaient *Wunderkind,* l'enfant prodige.

Je survivais grâce à mes rêves. Je rêvais sans cesse de la Terre d'Israël. Je n'avais pas eu d'éducation sioniste, mais c'était mon rêve. Je me représentais une famille avec des enfants. Je ne me souviens pas d'avoir eu des cauchemars. Chaque nuit je m'endormais en rêvant qu'après la guerre nous construirions une nouvelle maison sur la Terre d'Israël, et qu'elle serait pleine d'enfants. Je parlais de mes rêves à ma mère. C'était un sujet de conversation. Les rêves m'encourageaient. Ils me donnaient la force spirituelle et la volonté de vivre. Faute de rêves, on risquait de sombrer et de mourir.

Dans le ghetto, les enfants étaient particulièrement vulnérables. J'avais beau être petite et paraître plus jeune que mon âge, je travaillais. Je devais me tuer au travail comme une adulte, parce que le travail était notre seul espoir. Nous pensions que les nazis épargneraient les travailleurs productifs, parce qu'ils faisaient la guerre et qu'ils avaient besoin de notre labeur. Et puis quand on ne travaillait pas, on n'avait pas de carte de rationnement, et sans carte de rationnement on n'avait pas de nourriture – à moins de la voler ou de l'acheter au marché noir.

Le premier matin où je suis allée travailler, j'étais terrifiée. Heureusement, j'ai pu rester avec ma mère. Je me tenais auprès d'elle dans les rangs de femmes alignées par six devant le portail. Les gardiens nous fouillaient avant le départ, mais pas très strictement. La vraie fouille avait lieu au retour. Ils voulaient nous empêcher de rapporter quoi que ce soit dans le ghetto. S'ils vous prenaient à dissimuler fût-ce une pomme de terre pourrie, ils vous tuaient.

Cependant, chaque fois que nous quittions le ghetto pour aller au travail, nous étions à l'affût de la moindre chose mangeable, un navet à moitié décomposé dans un champ, une croûte de pain que quelqu'un avait jetée – absolument n'importe quoi. Nous nous en emparions le plus prestement possible, sans nous faire voir des gardiens. Si nous étions trop affamés, nous le dévorions sur-le-champ, mais nous nous efforcions de maîtriser notre faim et de rapporter la nourriture au ghetto pour les gens âgés et malades, en dépit du danger qui nous rendait très ingénieux. Nous cousions dans nos vêtements des poches secrètes que nous appelions « malignes », pour y dissimuler tout ce que nous pouvions dénicher d'utile.

Mes grands-parents étaient trop vieux pour travailler, et ils ne pouvaient compter que sur nous. Tout médecin qu'il était, Jakob faisait des travaux forcés comme tout le monde.

Nous marchions trois kilomètres pour aller travailler, été comme hiver, et les nazis ne se souciaient évidemment pas de savoir si nous avions les vêtements qui convenaient pour nous protéger des intempéries. Nous portions ce qui nous restait des vêtements que nous avions emportés dans le ghetto.

Nous travaillions tous les jours, sauf le dimanche ou quand les Allemands nous rassemblaient pour une *Aktion.* Le travail que j'ai eu le plus longtemps et que je me rappelle le mieux était à l'hôpital militaire allemand, le *Kriegslazarett,* qui se trouvait en pleine campagne, au-delà d'un village des environs de Kovno où je n'étais jamais allée auparavant. C'était un bâtiment en pierre de trois étages. Il m'arrive encore de le voir en rêve.

La femme qui nous commandait était une civile allemande, pas une kapo. Une trentaine de femmes juives de Kovno travaillaient dans cet hôpital, dix par étage. Il y avait beaucoup d'avantages à travailler dans un hôpital. On travaillait à l'intérieur et c'était chauffé pendant l'hiver, et à mon étage le personnel nous donnait même des sandwiches. C'était absolument exceptionnel. Deux tranches de pain frais avec une mince tranche de saucisse grasse et de mauvaise qualité, c'était un régal inimaginable pour nous, le plat le plus exquis qu'on puisse rêver. Nous avions une chance incroyable, car les infirmières de notre service avaient pitié de nous. Elles auraient tout aussi bien pu ignorer notre faim ou même nous faire enrager avec leur nourriture.

À l'hôpital, notre travail consistait à nettoyer les installations sanitaires. Nous devions nettoyer les choses les plus répugnantes, les crachats, le pus, les excréments des malades. Mais au moins nous pouvions nous laver à la fin de la journée. Quelquefois, en nettoyant les cuvettes et les urinoirs, je me rappelais mon enfance choyée. Je regardais ma mère récurer la porcelaine immonde. Naguère nous avions eu des domestiques pour tenir la maison. Qu'auraient-elles pensé, si elles avaient su que leur ancienne maîtresse passait huit ou neuf heures par jour à récurer des latrines ?

Je ne saurais pas dire combien de temps exactement ma mère et moi avons travaillé à l'hôpital, mais cela a duré de nombreux mois. Dans le ghetto, le temps n'était plus ponctué de dates ni d'occasions particulières. La peur et la dureté de chaque jour ressemblaient à celles de la veille, sauf lorsque nous apprenions quelque nouvelle atrocité, par exemple que les nazis sélectionnaient un nouveau contingent de Juifs pour les déporter ou les massacrer.

Nous n'avions aucun contact avec les malades, mais il pouvait arriver qu'un soldat blessé nous fasse un signe de la main ou nous jette quelque chose à manger. Je n'ai pas souvenir d'avoir vu quelqu'un d'amputé ou avec un bandage sur la tête, et d'avoir pensé : « Bien fait pour toi ! Tu n'as que ce que tu mérites ! Je regrette que les Russes ne t'aient pas tué ! » Mais je priais le Dieu auquel je ne croyais plus de faire perdre la guerre aux Allemands le plus vite possible.

Les gardiens qui nous accompagnaient au travail ne restaient pas toute la journée avec nous. C'étaient des soldats de l'armée régulière, pas comme les S.S. qui patrouillaient dans le ghetto et abattaient les Juifs de sang-froid. Autant je craignais et haïssais les S.S., autant je savais que les Allemands n'étaient pas tous d'ignobles criminels. Mais les soldats qui n'étaient pas cruels étaient habituellement distants. L'un des secrets de la survie consistait à repérer ceux qui avaient encore un reste de bon cœur, comme les infirmières qui nous donnaient des sandwiches. Parfois, j'arrivais à attirer le regard d'un soldat allemand. Si je me forçais à sourire gentiment, il pouvait arriver qu'il me lance un quignon de pain parce que j'étais mignonne. Quand la ruse marchait, je ramassais le pain par terre, et je me forçais à sourire de nouveau en le remerciant dans mon meilleur allemand. Mais je savais toujours que le soldat qui me lançait du pain aurait aussi bien pu me tuer d'une balle s'il avait voulu.

Les soldats exploitaient souvent les jeunes filles juives. Ils en repéraient une, marchaient près d'elle sur le chemin du travail pour établir discrètement le contact, et lui proposaient des faveurs spéciales en échange de rapports sexuels. Mon éducation avait été stricte, pour ne pas dire carrément prude. Lorsque j'étais enfant, on ne m'avait jamais dit d'où venaient les enfants, et je n'aurais jamais osé le demander. Je savais que c'était une chose dont on ne parlait pas. À Francfort, une certaine femme juive avait eu un enfant illégitime, et je me rappelle aujourd'hui encore comme on la montrait honteusement du doigt. Lorsque j'entendis raconter que des filles du ghetto se procuraient de la nourriture pour leurs familles en échange de faveurs sexuelles, je ne fus guère tentée d'essayer, mais l'idée me troubla et j'en parlai avec ma mère (pas avec mon père, bien sûr – il aurait préféré mourir). À mon ébahissement, elle n'excluait pas entièrement la possibilité. Si ma vie avait vraiment dû en dépendre, je pense qu'elle m'aurait dit de le faire. Heureusement, ce n'en est pas arrivé là. Je n'ai jamais eu à subir cette dégradation-là.

Mais il y avait un jeune homme qui me portait une attention particulière. Chaque matin, quand je me mettais en rang pour aller au travail, ce soldat au visage sensible et délicat s'arrangeait toujours pour accompagner ma rangée de six. C'était un beau garçon d'une vingtaine d'années, grand et mince, avec des cheveux châtain clair, des yeux bleus et un long nez. Il avait l'air juif, sous son uniforme allemand.

Je me méfiais, mais il m'a rapidement fait comprendre qu'il n'avait pas de visées sexuelles sur moi. Il m'avait juste prise en affection, et avait pitié de moi. Avec la plus grande circonspection, pour que personne ne s'en aperçoive, il conversait avec moi pendant le trajet. Il me confia qu'il s'appelait Axel Benz, et que sa famille avait fondé la compagnie Mercedes-Benz. Et aussi qu'il avait un ancêtre juif, et que les Juifs lui inspiraient de la compassion. Ils souffraient injustement, car ils n'avaient rien fait de mal. Il n'avait pas pu éviter d'entrer dans l'armée, m'expliqua-t-il, mais il n'était qu'un simple conscrit, pas un officier, et pas un S.S.

Axel Benz rendait ma longue marche plus supportable. J'en venais à attendre avec impatience sa compagnie. Il était réconfortant de savoir qu'il y avait au moins un gentil chrétien dans le monde, même s'il ne pouvait rien faire pour nous sauver. Il devait souffrir terriblement de la solitude, parmi tous ces soldats grossiers, sans jamais pouvoir révéler à personne ce qu'il pensait vraiment.

Notre amitié fut de brève durée. L'unité d'Axel Benz fut transférée sur le front de l'Est. Lorsqu'il apprit qu'il allait partir, Axel me donna en secret sa montre en or, qui était d'une grande valeur. Il la fit glisser de son poignet pendant que personne ne regardait, et je la dissimulai prestement dans une poche secrète à l'intérieur de ma chemise.

« J'espère que vous pourrez l'échanger contre beaucoup de nourriture, dit-il. Et peut-être nous reverrons-nous après la guerre. »

Au portail du ghetto, après m'avoir escortée au travail pour la dernière fois, il m'a regardée en disant : « Restez en vie. »

Curieusement, il m'a retrouvée après la guerre, et m'a même demandée en mariage ! Mais nous y viendrons.

Je n'ai guère eu le temps d'examiner la montre d'Axel Benz avant de la cacher sous ma chemise. Mais en marchant vers l'hôpital militaire, dans la longue colonne de femmes du ghetto, je sentais la petite masse compacte de la montre qui battait contre ma poitrine.

À la première occasion qui s'est présentée, tandis que ma mère et moi étions seules pour lessiver les latrines, je l'ai sortie de ma poche pour la lui montrer. Ensemble nous avons admiré ce cadeau stupéfiant. C'était tellement extraordinaire que c'en était presque effrayant, comme un talisman magique.

Nous n'avions rien vu d'aussi beau depuis que nous avions dû abandonner tous nos bijoux. La montre de Benz avait beaucoup de valeur. Elle aurait valu une fortune en toute autre circonstance, mais pour des Juifs emprisonnés dans le ghetto et qui ne possédaient plus rien, c'était une fortune inimaginable. Mais le problème était que toute possession de bijou constituait un crime capital. Il fallait que je la garde sur moi et, si un gardien me prenait en défaut, je serais immédiatement abattue, sans question.

Je ne pouvais pas prendre le risque de la laisser tomber aux mains de quelqu'un d'autre. Où la cacher ? Le tic-tac de cette montre en or était si fort que je m'attendais presque à être repérée. Il fallait que je m'en débarrasse rapidement, alors que j'avais tellement envie de la garder. Depuis combien de temps n'avais-je plus porté de jolie robe, avec un bracelet, un collier, une broche ? J'ai réussi à rapporter la montre dans le ghetto, au nez et à la barbe des gardiens, mais terrifiée à l'idée qu'en me fouillant leurs mains risquaient de palper cet objet dur sur ma poitrine. Une fois rentrée à la maison, je l'ai sortie de ma poche pour l'admirer.

J'ai gardé la montre de Benz pendant huit jours, la serrant sous mon oreiller en loques pour dormir, et rêvant de la garder pour toujours. Elle avait beaucoup de valeur à mes yeux, du fait qu'elle m'avait été donnée par un soldat ennemi, que c'était interdit, que c'était un objet de luxe, provenant d'un autre monde, un monde que j'avais connu avant la guerre mais auquel il était impossible de croire dans le cadre du ghetto. Je me cramponnais à cette montre comme à un signe d'espoir. Elle signifiait peut-être que je survivrais jusqu'à la fin de la guerre. Mais il était dangereux de la garder, peut-être même inutile.

Chaque jour, en allant travailler, nous passions devant une petite épicerie, près de l'hôpital. Malgré mon désir de ne pas me séparer de la montre, je me résolus à l'apporter dans cette épicerie et à l'échanger contre de la nourriture. Nous n'avions évidemment pas le droit de sortir de l'hôpital, même un instant, pour aller à l'épicerie. Si j'étais prise à me glisser dehors ou à rentrer, je serais sévèrement battue. Mais la pensée de la nourriture exquise qui m'attendait dans le magasin était trop forte. J'échafaudai un plan.

Je n'ai pas raconté à ma mère le détail de ce que je préparais. Elle le savait, mais je ne lui ai pas demandé la permission. Cette montre était un véritable don du ciel et je n'allais pas le gâcher. Il fallait que j'y aille, et il fallait qu'elle me laisse faire. Elle me couvrirait d'une manière ou d'une autre si jamais la surveillante s'apercevait de ma disparition. Je savais qu'elle tremblerait de peur jusqu'à mon retour. Je tremblerais aussi, mais si c'était le prix, j'étais prête à le payer et à en courir le risque.

Rien que pour sortir de l'hôpital, il fallait du cran. Je descendis lentement l'escalier avec un balai, nettoyant les marches une à une, à fond, tout en guettant alentour s'il y avait des Allemands. À la porte, le gardien était un vieil homme somnolent, et il ne prêta aucune attention à la petite femme de ménage juive, avec son fichu sur la tête. Je continuais à balayer les marches du haut, presque hors de sa vue, en attendant qu'il soit seul et qu'il regarde de l'autre côté. Puis je me hâtai de cacher le balai dans un coin, je fis glisser le châle de ma mère sur mes épaules pour dissimuler l'étoile juive cousue sur mes vêtements et montrer mes cheveux blonds. Je me contentai de passer devant le gardien, comme une jeune paysanne lituanienne polie qui serait venue voir son fiancé blessé à l'hôpital.

Je sortis dans la rue, et me sentis un être humain libre pour la première fois depuis plus d'un an, toute seule à l'extérieur du ghetto, sans aucun signe révélant que j'étais juive. Bien entendu, j'étais terrifiée aussi. Mon sentiment de liberté était totalement imaginaire. Je le savais. Il suffisait d'un coup de vent pour que mon châle se soulève, révélant les étoiles juives, et si j'étais prise je serais battue avant d'être tuée. Ils pourraient décider de tuer aussi ma mère, et même toutes les autres femmes de corvée à l'hôpital. Je m'interdis donc de penser à tout cela.

Je me forçais à marcher lentement, comme si j'avais eu tout le temps du monde, comme si personne ne m'avait guettée, et que je n'aie couru aucun danger. Je croisai deux soldats. Ils m'interpellèrent en allemand « Où vas-tu, la fille ? » Je répondis en lituanien : « Au magasin, messieurs. » Ils ne m'ennuyèrent pas davantage.

Chaque jour en passant devant le

magasin, mon estomac affamé avait enflammé mon imagination avec des images de ce qu'il devait y avoir à l'intérieur. J'avais rêvé de ce magasin, d'y entrer et de désigner tout ce qui avait l'air bon pour l'engloutir : du chocolat, des biscuits, des gâteaux, du pain et du beurre. Maintenant, enfin, j'allais y entrer.

Ma main tremblait en poussant la porte. Dans mes rêves, ce magasin avait été immense, bourré de choses exquises. En réalité, c'était une modeste épicerie. Même en temps de paix, on n'y aurait sans doute pas trouvé une sélection de mets très attrayants. Mais maintenant, du fait de la pénurie alimentaire, l'approvisionnement en était particulièrement pauvre. Néanmoins, pour quelqu'un habitué au ghetto, où un pot de confitures était un rare trésor, cette humble épicerie était un paradis. Les odeurs seules me rendaient ivre de plaisir, les senteurs de pain, d'huile, d'épices, de légumes, un ou deux fromages grossiers, et des cornichons flottant dans une barrique.

Je tripotais la montre de Benz tout en

contemplant les marchandises. Qu'est-ce qui serait assez petit pour que je puisse le cacher, mais tout de même assez cher pour valoir l'échange contre la montre ? Jusqu'au moment d'entrer dans le magasin, je n'avais pas imaginé l'étendue de ma faim.

L'épicier vit que j'étais nerveuse, et m'observa d'un air soupçonneux. Je soutins son regard, en m'efforçant d'avoir l'air aussi calme que possible et en préparant quelques phrases en lituanien : « Je n'ai pas d'argent, monsieur, mais je veux échanger un objet de valeur contre de la nourriture.

— Qu'est-ce que tu as ?

— Une montre en or.

— Voyons cela. »

Hésitante, je sortis la montre et la fis voir à l'épicier. Il me l'arracha.

« Où l'as-tu volée ?

— Je ne l'ai pas volée.

— Comment puis-je en être sûr ? Si la police m'attrape avec des objets volés, je vais avoir des tas d'ennuis. »

Je n'avais pas de mal à voir ce qu'il avait en tête. C'était un gros bonhomme chauve avec un tablier blanc sale noué autour des reins. Ses yeux louches le dénonçaient.

« Alors rendez-la-moi.

— Je vais peut-être plutôt la garder pour la remettre à la police. Il doit y avoir une belle récompense, pour une montre pareille.

— C'est mon ami soldat qui me l'a donnée », dis-je. C'était vrai. Mais la suite ne l'était pas. « Je lui dirai que vous me l'avez prise, et vous le regretterez. »

Je faisais des fautes en lituanien, mais j'avais un accent allemand, et cela devait lui causer un peu d'inquiétude. Il réfléchit à ma menace pendant une ou deux minutes intenses tandis que je contemplais les victuailles sur ses rayons en m'efforçant de l'ignorer. Finalement, il déclara qu'il me donnerait des provisions en échange de la montre.

J'étais prête à faire mon choix. Je savais que j'allais me faire voler de toute façon. La montre de Benz valait certainement plus d'argent que tout le contenu du magasin.

Je commençai par prendre trois petits pains blancs dodus et les poser sur le comptoir. Je pris du riz et du sucre, du miel, de la confiture et des fruits secs – tout ce qui paraissait cher, qui était petit, sucré, jusqu'à ce que l'épicier dise : « Ça suffit, c'est tout. »

Je marchandai un peu, le forçant à me laisser prendre des friandises. En me voyant enfourner tout ce que je pouvais dans les poches secrètes de mes vêtements, il a bien dû deviner que j'étais juive, mais il n'a rien dit. J'essayais de ne pas penser à la montre, au beau boîtier en or, aux aiguilles délicates, au tic-tac feutré. C'était dégradant d'avoir à échanger un tel présent contre des aliments qui seraient mangés en un jour ou deux. C'était un cadeau à conserver pour la vie entière. J'ai quitté le magasin avec quelques provisions dans les mains.

Avant de retourner à l'hôpital, je me suis glissée derrière une maison, là où personne ne pouvait me voir. J'avais beau être pétrifiée par la crainte d'être surprise, la faim était vraiment trop forte. J'ai pris un petit pot de miel et je l'ai versé sur le pain. Quel moment exquis ! Malgré mon horrible peur, je mangeais le plus lentement possible, pour prolonger cet instant. Mon corps essayait de grandir, de s'étoffer, de mûrir, et il n'avait pas de quoi s'alimenter. J'essayais de sentir le pain et le miel se répandre dans toutes les cellules de ma petite personne maigrichonne. « Sauve-toi », m'enjoignait une voix intérieure. « Ne retourne pas à l'hôpital. Sauve-toi dans les bois ! Fuis ! » Mais comment aurais-je pu abandonner ma mère aux terribles représailles que ma disparition de l'hôpital ne pouvait manquer de lui valoir ?

La joie d'avoir, pour une fois, le ventre plein me faisait tourner la tête, ainsi que l'enivrante impression que la liberté était possible. Il me semblait que je n'aurais pas pu me tenir debout si je m'étais levée. Peu à peu je me suis ressaisie, et j'ai repris le chemin de l'hôpital avec circonspection.

L'épicier m'avait volée, car la montre de

Benz devait bien valoir vingt ou trente fois plus que les provisions qu'il m'avait données. Mais j'avais tout de même beaucoup plus de choses que je ne pouvais en manger seule, ou en rapporter au ghetto en un seul voyage.

J'ai commencé à me demander où je pourrais bien dissimuler la nourriture dans l'hôpital. Je ménagerais une petite cachette, et puis chaque jour j'en rapporterais un peu au ghetto. Mais d'abord j'allais faire une tartine de miel pour ma mère. Ce matin-là, j'avais porté la petite bosse cachée de la montre d'Axel Benz. Maintenant, je sentais les aliments cachés contre mon corps, et j'imaginais le plaisir qu'ils procureraient à mes grands-parents.

J'approchais de l'hôpital. Il semblait différent, à présent, plus grand et plus menaçant que lorsque j'étais arrivée le matin même avec la brigade de femmes. À ce moment-là, j'avais été une petite silhouette anonyme dans un vaste groupe. Maintenant j'étais seule dans la rue, bien voyante.

De l'extérieur, je ne pouvais pas surveiller le hall d'entrée et choisir le bon moment pour entrer. Je passai donc une première fois devant la porte, en essayant de voir à l'intérieur sans me faire remarquer. Je continuai jusqu'au bout de la rue, fis demi-tour et revins sur mes pas. Je décidai de rassembler tout mon courage et d'entrer d'un air assuré et confiant. Je saluerais le gardien, et s'il me demandait ce que je faisais là, je répondrais en allemand. Et j'arriverais peut-être à lui faire croire que j'étais une *Volksdeutsch*. Je m'imaginais ouvrant la porte et souriant au gardien, et je préparai un petit discours à lui réciter s'il m'inquiétait : « Je viens voir mon brave ami soldat qui est blessé. » Je m'inventai même un nom, Kristina Schmidt.

Je m'approchais une nouvelle fois de la porte lorsqu'une lourde main s'abattit sur mon épaule, les doigts se resserrant violemment sur mes muscles. Je lançai un regard terrifié autour de moi. Quatre soldats m'avaient prise au piège. « Où vas-tu,

Juive puante ? » demanda celui qui me tenait l'épaule.

Avant que j'aie pu réciter mon petit discours pour dire : « Je ne suis pas juive. Je m'appelle Kristina Schmidt. Je veux voir mon courageux ami soldat qui est blessé », mon tourmenteur avait soulevé le châle, dénudant les étoiles jaunes de mon dos et de ma poitrine.

« Allez, sur la colline », décréta le chef. Brutalement, et sans un mot de plus, ils me traînèrent au sommet d'une côte abrupte. Arrivés en haut, ils me jetèrent à terre. Un pot de confitures roula d'une de mes poches secrètes.

« Petite voleuse ! » s'écrièrent-ils. Ils m'arrachèrent mes vêtements et vidèrent les poches. Debout au-dessus de moi et ricanant, les soldats allemands engloutirent la précieuse nourriture que j'avais achetée avec la montre de Benz, et que je voulais rapporter au ghetto pour mes grands-parents. Ce qu'ils ne pouvaient pas manger, ils le renversèrent et le piétinèrent.

« Tu voles de la nourriture, sale Juive ! Nous allons te tuer. » Ils me ramassèrent et me jetèrent contre un mur. « Vas-y », ordonna le sergent à l'un de ses hommes. Le soldat recula d'un pas et commença à viser.

« Ne me tuez pas ! suppliai-je. Qu'est-ce que j'ai fait ? Je n'ai pas volé cette nourriture.

— Alors comment te l'es-tu procurée, espèce de truie menteuse ? »

Je ne pouvais pas lui dire la vérité. Si je racontais l'histoire de la montre de Benz, il se ferait tuer et moi aussi. Les soldats allemands n'avaient pas le droit de parler aux Juifs qu'ils gardaient, et encore moins de leur faire des cadeaux. Si je disais que mon père avait conservé une montre ou un autre objet de valeur, c'était interdit, et mon père risquait de se faire tuer avec moi. J'inventai donc une histoire : « L'épicier devait de l'argent à mon père, d'avant la guerre.

— Maudits usuriers juifs suceurs de sang, hein ! »

Je me contentai de baisser la tête en commençant à réciter la Shema, cette prière qu'un juif doit prononcer à l'heure de sa mort. Puis je me mis à pleurer. « Je vous en prie, laissez-moi retourner auprès de ma mère. Nous travaillons toutes les deux à l'hôpital. Je me suis juste faufilée dehors pour dix minutes. Je ne l'avais jamais fait. Je vous jure que je ne recommencerai pas. S'il vous plaît, laissez-moi partir ! » Je levai les yeux et les regardai bien en face, l'un après l'autre, surtout celui qui avait reçu l'ordre de me tuer. « Ayez pitié de moi », implorai-je. Puis je m'écriai : « Mon Dieu, entendez-moi ! »

Celui qui avait été désigné pour m'abattre releva son arme, mais je voyais bien qu'il n'avait pas envie de tirer. Il tourna les yeux vers son sergent, et moi aussi.

« Bon, on va te laisser filer, mais pour cette fois seulement », déclara finalement le sergent. Les soldats me traînèrent au bas de la colline jusqu'à la porte de l'hôpital. Le sergent me souleva par le col, et me jeta à l'intérieur. Je me relevai aussitôt et m'élançai dans l'escalier, pour regagner l'étage où j'étais censée travailler.

J'avais envie de pleurer. Rien n'avait

marché. J'avais perdu la montre et toute la nourriture, mes vêtements étaient déchirés, et j'étais toute contusionnée d'avoir été empoignée, battue et jetée à terre. Je retrouvai Maman dans des latrines, à genoux pour récurer le sol autour d'un urinoir. J'aurais voulu sangloter, mais je dus m'agenouiller à côté de ma mère et travailler avec elle.

Certaines corvées de travail forcé dans le ghetto étaient mieux que d'autres. Nos principaux critères de jugement étaient le danger et la possibilité de trouver à manger. À l'hôpital militaire, les infirmières nous donnaient quelquefois un peu de nourriture en supplément, merveilleuse surprise. Et puis nous étions à l'abri, ce qui était précieux en hiver. Mais pendant les chauds mois d'été, l'hôpital était suffocant. L'odeur des plaies suppurantes était insupportable. La saleté des sanitaires était deux fois plus répugnante. Nous faisions un travail dégradant et dégoûtant, avec le risque permanent d'être contaminées par des infections, au contact du pus et des excréments de tous ces soldats blessés.

Parfois, au lieu de nous emmener travailler à l'hôpital militaire, on nous envoyait aux champs, ce qui présentait à la fois des avantages et des inconvénients. Le travail y était beaucoup plus fatigant, et nous étions dehors, à la merci des éléments, mais la surveillance était plus détendue. Nous pouvions parler, et aussi dérober des pommes de terre ou d'autres choses, à condition d'être assez rapides et astucieuses. J'étais devenue experte en pommes de terre. Je savais tout de suite si un bout de racine abîmé, pourri, sale, abandonné, contenait encore ou non une partie comestible. Aujourd'hui encore, invariablement, les pommes de terre me rappellent le ghetto.

L'air frais me ravivait le moral, me faisant à moitié oublier la proximité de la mort aux mains des soldats allemands en vadrouille. Il arrivait que nous, les jeunes – encore des enfants, en vérité – nous réussissions à nous échapper d'une brigade de travail dans une ferme pour aller chaparder des fruits ou de la nourriture dans d'autres champs. Les adultes avaient peur de s'y risquer, mais pas nous. De loin, nous ressemblions à n'importe quels gosses lituaniens et, si nous voyions des soldats, nous pouvions nous éclipser. Nous agissions seuls, ou juste à deux. Nous avions tellement faim que nous engloutissions les pommes tombées tout entières, y compris les parties meurtries. Les enfants sont naturellement audacieux. Il nous venait un véritable sixième sens pour éviter les patrouilles et nous faufiler dans les différentes colonnes de travailleurs. Cela devenait une sorte de jeu mortel. Il fallait rester à l'affût des gardiens, et le plus effrayant, comme toujours, c'était d'arriver à rapporter la nourriture volée jusqu'à l'intérieur du ghetto dans nos poches secrètes.

Les nazis ont établi des petites fabriques dans le ghetto de Kovno, et pendant quelque temps j'ai travaillé sur une machine qui fabriquait des bas de soie. Ce n'était pas un travail dur, et cela me plaisait assez. Nous n'avions pas à marcher beaucoup pour y aller, c'était à l'intérieur, on pouvait s'asseoir, et la surveillance était moins stricte. Ces conditions rendaient le travail plus digne.

Nous nous disions toujours : « Tant que nous sommes utiles aux Allemands, ils nous maintiendront en vie. » Il y avait pénurie de nourriture au ghetto, mais les travailleurs recevaient de la soupe et un morceau de pain. Nous étions esclaves, mais nous nous accrochions de notre mieux à notre dignité. Nous savions que s'ils nous appelaient le matin et qu'ils nous emmenaient travailler, nous avions des chances de survivre encore un jour. Voilà comment nous vivions, de jour en jour, osant à peine espérer plus que de vivre encore jusqu'au lendemain, ne pas tomber malade, voir épargner nos proches.

Les combats paraissaient lointains. Je ne savais pas grand-chose de ce qui se passait. De temps en temps, j'entendais parler d'un jeune homme qui s'était enfui dans la forêt dans l'espoir de rejoindre les partisans, mais c'était plus une rumeur qu'une réalité présente. Ma façon de résister, c'était de m'accrocher à la vie, et de rêver d'un avenir rose et romantique : j'épouserais un homme riche, et nous élèverions une grande famille ensemble en Palestine. Nous mangerions du pain beurré et nous boirions du chocolat chaud sous un soleil éclatant.

J'essayais de maintenir constamment ce soleil éclatant dans mon imagination. Je voyais le mal que se donnaient mes parents pour garder bon moral, pour ne pas se laisser décourager, et j'étais décidée à les aider en étant le « soleil » de la famille. Je n'allais pas les attrister en étant triste.

Avec le recul, je me rends compte que seule l'horreur absolue des camps de la mort pouvait faire paraître plus ou moins normale, par comparaison, la vie au ghetto. J'étais jeune, et les enfants s'adaptent. Mais je ne me suis jamais réconciliée avec les conditions d'existence que nous imposaient les nazis, entassés dans une seule pièce qui n'avait rien de vivable. Notre dénuement était inimaginable.

Nous étions réduits à une poignée de haillons rapiécés, à quelques meubles et ustensiles usagés, avec à peine assez de nourriture pour nous permettre de survivre. J'avais tout le temps faim, à devenir enragée. J'en avais parfois des hallucinations.

Les nazis avaient soigneusement réglé notre routine quotidienne de faim, de peur, de travail forcé et de meurtres arbitraires afin de détruire en nous toute réalité humaine, de nous réduire au néant. Dans le monde où ils nous forçaient à vivre, rien de ce que nous faisions ne pouvait donner de sens à notre existence. Peut-être notre travail nous maintenait-il en vie, mais il profitait aux pires ennemis que les Juifs aient jamais eus à affronter.

Le danger ne cessait jamais de menacer à l'arrière-plan, sauf quand il surgissait pour occuper notre existence entière. La maladie était endémique au ghetto. Quand on tombait malade, il y avait des médecins – mais pratiquement aucun médicament ni possibilité de traitement, et les malades perdaient leurs droits aux tickets de rationnement. La mort devenait banale. La vue d'un cadavre ne me choquait plus.

Ce qui nous affaiblissait le plus, du moins sur le plan spirituel, c'était notre isolement complet. Les nazis commettaient des crimes contre nous à chaque instant du jour et de la nuit, des crimes impardonnables, sans précédent – mais qui donc prenait en main notre cause ? Nous n'avions personne vers qui nous tourner, personne pour nous protéger, personne auprès de qui protester contre ce qu'on nous faisait. Les Alliés combattaient peut-être Hitler, mais ils ne faisaient aucun effort pour nous sauver. On nous avait oubliés.

De nous tous, c'était mon père le mieux informé de ce qui se passait. Étant employé au Judenrat, il savait à quelles affreuses décisions les autorités juives étaient confrontées. Peut-être en discutait-il avec ma mère, mais je n'en ai jamais entendu le moindre mot. Papa continuait à travailler avec un courage calme, sans altérer sa routine quotidienne de prière et de pratique religieuse dans la mesure du possible et, puisant de la force dans sa foi, il nous donnait des forces. C'était désormais une foi profonde et intime, sur laquelle je ne pouvais guère l'interroger.

Naguère, Papa avait toujours été plein de ressources, à chercher sans cesse des voies d'évasion pour nous. Il nous avait sortis de l'Allemagne nazie, puis de Memel occupée par les Allemands, et il nous avait épargné d'être expédiés en Sibérie par les Russes. Mais il ne pouvait rien faire pour nous arracher au ghetto. Jusqu'alors, il avait toujours été maître de son destin ; désormais, il était réduit à une subordination passive et impuissante. Cependant, jamais il n'a trahi sa frustration devant moi. Pour moi, il est resté lui-même jusqu'à la fin, un père fort et aimant.

Le ghetto se vidait progressivement. Les Allemands nous tuaient un par un aussi bien qu'en masse. Le plus grand massacre, le plus infâme, commis dans le cadre d'une *Aktion*, eut lieu très tôt, le 28 octobre 1941.

Évidemment, les nazis n'ont pas annoncé qu'ils allaient tuer dix mille d'entre nous. Ils ont dit qu'ils allaient séparer les travailleurs de ceux qui étaient inaptes, et que ceux-ci seraient envoyés dans une institution spécifique, afin que les rations alimentaires puissent être distribuées plus équitablement.

Le jour de cette *Aktion,* nous ne sommes pas allés travailler. Tout le monde sans exception devait se rassembler sur une vaste place, la Democratu Plaza. Environ vingt-huit mille personnes commencèrent à s'amasser sur la place à cinq heures du matin, quand il faisait encore froid et noir. Personne ne prit le risque de se cacher à l'intérieur. Nous avions été avertis que les nazis fouilleraient les maisons une à une, et qu'ils abattraient les gens qu'ils trouveraient chez eux. La place était cernée par les troupes allemandes et les partisans lituaniens.

À la fin d'octobre en Lituanie, c'est déjà l'hiver. Les jours sont courts, et l'humidité peut être affreuse. Le 28 octobre, il faisait un froid mordant. Nous nous sommes mis en rangs, et les nazis commencèrent à nous faire défiler devant un unique officier qui, à lui seul, décida du destin de quelque trente mille êtres humains. D'un petit geste de la main, il nous envoyait vers la droite ou la gauche. La droite, c'était la vie ; et la gauche, nous le savions, la mort. La droite était censée signifier travail, rations alimentaires et une relative forme de sécurité mais, en vérité, le fait d'être apte au travail n'avait pas grand-chose à voir avec la direction où il nous expédiait. Nous étions trop nombreux pour que la sélection soit vraiment rigoureuse. L'officier se contentait d'expédier les gens comme bon lui semblait, et nous pouvions voir qu'il brisait délibérément les familles. Il prenait un plaisir manifeste à entendre les hurlements affolés des parents arrachés à leurs enfants, des femmes séparées de leur mari.

La journée n'en finissait plus, tandis que la foule défilait lentement devant l'officier. Des gens malades ou âgés s'écroulaient sur la place, et personne n'avait le droit de les secourir. Des bébés et des enfants d'âge tendre sanglotaient, tourmentés par le froid et la faim qui devenaient insupportables. Je regardais autour de moi et mon cœur souffrait, mais nous étions impuissants, incapables de rien faire pour les autres, et emplis de terreur à la perspective de notre propre sort. À mesure que nous avancions vers le point de sélection, ma peur devenait plus intense. Je ne sentais presque plus le froid. Je n'avais plus faim. Je me concentrais sur l'instant qui approchait, et où mon destin allait être déterminé par un geste d'un officier allemand : droite ou gauche, vie ou mort, espérance ou désespoir.

Notre famille se resserra, Papa, Maman, Manfred et moi, les parents de ma mère et son frère Jakob – Benno avait déjà été assassiné. Si la sélection avait été automatique, mes grands-parents n'auraient eu aucun espoir de survivre, car ils étaient vraiment trop vieux pour travailler. Mais comme c'était arbitraire, je priais en silence pour que l'officier ait pitié d'eux.

La pitié n'était pas précisément un concept familier aux nazis. En revanche, si nous arborions un sourire confiant et que nous marchions la tête haute, je me disais que nous passerions peut-être. Je me forçai donc à sourire, et j'appelai tout doucement mes grands-parents. « Tenez-vous droits et avancez fièrement, et ils ne vous enverront pas à gauche. »

Est-ce que cela a marché ? Est-ce pour cette raison qu'ils sont passés ? Et que notre famille a pu rester ensemble ? Je veux le croire. J'ai toujours tenté de contrôler ma destinée et de forcer les choses à aller dans le sens que je souhaitais, même face aux nazis. Ils avaient sur nous le pouvoir physique, mais j'étais résolue à faire tout ce que je pourrais. Si quelque chose d'aussi infime qu'un sourire et une étincelle dans les yeux pouvait me sauver la vie et aider ma famille à survivre, j'allais trouver le courage et la volonté de me forcer à sourire, pour arriver à franchir victorieusement la sélection. Ce n'était pas tant la peur de l'endroit où je risquais d'être envoyée, que la souffrance insupportable de devoir être séparée de ma famille.

Cet après-midi-là, ma famille quitta la place vivante et encore unie, mais dix mille personnes furent expédiées à gauche et exterminées au Neuvième Fort, en dehors de la ville. Dix mille personnes furent arrachées au ghetto. Et ce n'était que le début du massacre.

Du fait des effroyables conditions de vie dans le ghetto – faim, froid, travail écrasant, maladie, désespoir – beaucoup de Juifs qui n'avaient pas été raflés et fusillés lors de la gigantesque *Aktion* du 28 octobre moururent peu à peu de faim et de diverses maladies. Quelques Juifs plus jeunes s'enfuirent pour rejoindre les partisans, et les nazis déportèrent les autres par trains entiers, en autobus et à pied. Nous n'en avons plus jamais eu de nouvelles.

Pour ceux d'entre nous qui sont restés après les sélections, les « actions » et les transports, même si les nazis rétrécissaient les limites du ghetto, on voyait bien qu'il y avait beaucoup moins de gens vivants entassés à l'intérieur. Maintenant, les rues grouillaient du souvenir de ceux qui n'étaient plus là.

Quelque temps plus tard, nous avons quitté la pièce que nous occupions dans l'ensemble de taudis où nous vivions depuis notre arrivée, pour nous installer dans une sorte de maison entière, avec ma grand-mère et mon grand-père. Ce n'était pas grand, mais il y avait une petite cour. Grand-mère et Grand-père ne travaillaient pas, mais nous parvenions à les maintenir en vie. Ils réussissaient tant bien que mal à franchir toutes les sélections. Mon oncle Jakob travaillait, et il leur apportait de la nourriture, comme nous le faisions aussi.

Mon frère Manfred se maria dans le ghetto. Il y eut bien une humble cérémonie religieuse, mais sans réjouissances d'aucune sorte, contrairement au mariage de ma tante Tita, naguère, à Memel. Il était plus sûr de vivre en couple. D'abord, on avait plus de force à deux. Et puis c'était plus facile vis-à-vis des Allemands.

Dans une certaine mesure, ils épargnaient les gens mariés.

Moi aussi, j'avais un soupçon de romance dans ma vie. Un garçon roux de ma connaissance venait se poster sous ma fenêtre pour me chanter des sérénades. Il disait qu'il m'épouserait après la guerre, mais je répliquais que jamais je ne pourrais l'épouser, parce qu'il était vraiment trop roux. Ce jeune homme a survécu à la guerre, et il vit aujourd'hui en Amérique. Je lui suis encore reconnaissante de ses chansons. Elles m'ont donné de la force et du courage pour affronter la vie. Cela m'a soutenue, de savoir que je comptais pour quelqu'un. Dieu sait comment, les jeunes gens avaient l'instinct d'agir comme agit la jeunesse. Même dans l'horreur lugubre du ghetto, nous ne renoncions pas à tout espoir.

Le 27 mars 1944, la veille de l'anniversaire de mon père, nous sommes allés travailler comme d'habitude. Ma mère et moi avons marché péniblement jusqu'à l'hôpital militaire, où nous avons passé toute la journée à nettoyer les latrines et les lavabos. Pour nous, ce fut une journée comme une autre. Mais de retour au ghetto, nous avons appris que ce n'avait pas été une journée comme les autres. Les nazis avaient entrepris de rafler tous les enfants qui restaient.

Après le départ de ceux qui étaient aptes au travail, les soldats allemands étaient allés dans toutes les maisons pour ordonner que les enfants soient rassemblés sur la place, avec leurs mères restées en arrière pour s'en occuper. Nul ne douta, même un instant, que ce fût une condamnation à mort. Et tout le monde n'était pas décidé à obtempérer. Certaines mères, qui s'étaient préparées à cette éventualité, tentèrent désespérément de cacher leurs enfants. Elles avaient construit des cachettes dans les murs et des fonds secrets dans les armoires. Mais les nazis dévastèrent les appartements, et pas un seul enfant ne leur échappa. À notre retour du travail, nous avons senti la souffrance accrochée aux portes et aux fenêtres. L'air du ghetto était envahi par une atroce angoisse.

Que pouvaient faire des mères ? Elles voulaient accompagner leurs enfants et tenter de les sauver, mais elles voulaient aussi rester en vie. Elles avaient d'autres êtres chers à protéger, d'autres enfants, des maris, des parents. Elles durent assister, impuissantes, à l'enlèvement forcé de leurs enfants. Croyant qu'elles avaient le choix, elles s'efforçaient de prendre une décision immédiate, là, sans pouvoir demander l'avis de personne ni laisser de message pour quiconque. Quelle était la « bonne » décision ? Fallait-il partir avec leurs plus jeunes enfants, ou demeurer avec le reste de leur famille ?

En fait, ce choix terrible n'avait aucune importance car, avec une cruauté particulière, les Allemands se firent un principe d'imposer exactement le contraire de ce que souhaitaient ces femmes. Si une femme voulait accompagner ses enfants, elle était battue et repoussée, et celles qui ne voulaient pas partir étaient emmenées de force.

Le lendemain, 28 mars 1944 et jour anniversaire de mon père, nous avons dû retourner au travail. Quel terrible sentiment de vide nous avons éprouvé, ce matin-là, en quittant le ghetto ! Nous connaissions tous des enfants qui avaient été emmenés et tués. C'étaient nos frères, nos cousins, nos neveux et nos nièces. Même si ce n'étaient que des enfants que nous avions vus jouer dans une cour, leur sang était le nôtre. Nous marchions les yeux rivés au sol, par crainte d'apercevoir à une fenêtre le visage déchirant d'une mère. Les maisons où, la veille encore, avaient vécu des enfants, étaient maintenant noyées de chagrin. Quant à ceux qui avaient encore les leurs, ils tremblaient d'effroi. La veille, les nazis n'avaient pas réussi à les rafler tous, et nul ne doutait que les soldats allaient reprendre leur ignoble tâche.

J'étais juste à la limite séparant les enfants de ceux qui étaient en âge de travailler, et ma vie allait être épargnée. Cette sélection me laisserait la vie sauve. Accablé de chagrin pour les autres, on se raccrochait plus étroitement à sa propre famille. Papa m'a embrassée avec plus de tendresse encore, ce matin-là, quand je suis partie au travail. Nous lui avons souhaité un bon anniversaire, en priant pour être tous libérés d'ici le prochain.

Toute la journée, en travaillant à l'hôpital, je songeais à ce qui s'était passé la veille, aux horribles scènes qu'on m'avait décrites, où des mères en larmes suppliaient les soldats, criant : « Ne prenez pas mon enfant ! » J'imaginais la violence des soldats qui arrachaient les portes, giflaient les mères qui tentaient de protéger leurs enfants, frappaient brutalement les enfants et les jetaient à terre. Je savais que cela se poursuivait pendant que nous travaillions. J'éprouvais tant de colère mêlée d'impuissance, je me sentais si vulnérable !

Sur le chemin du retour, nous marchions à contrecœur. Nous n'avions aucune envie de rentrer au ghetto pour découvrir ce qui s'était passé, et entendre encore raconter comment les mères et leurs enfants avaient été traînés jusqu'à leur mort.

À notre arrivée chez nous, Papa n'était

pas là. Maman se précipita au bureau du Judenrat, et y trouva un policier juif. Elle le supplia de nous dire ce qui était arrivé à Papa, et voici ce qu'elle apprit.

Mon père avait préparé un plan secret. Dans le grenier, sous le toit des bureaux du Judenrat, il avait rassemblé un grand nombre d'enfants déjà grands, sans doute une centaine. Il avait dû s'imaginer que les nazis ne fouilleraient pas le bâtiment, ou que les membres du Judenrat pourraient intervenir auprès des autorités et sauver les enfants s'ils étaient découverts. Il espérait évidemment que, lorsque la *Kinderaktion* serait terminée, tout enfant survivant pourrait venir travailler avec nous.

Il ne s'agissait pas là d'un geste impulsif et improvisé mais d'une opération soigneusement préparée. Il le fallait bien, pour pouvoir rassembler autant d'enfants en secret, et les introduire dans l'immeuble au milieu de la nuit. Bien entendu, mon père ne nous avait rien révélé de son projet. Maman n'aurait jamais supporté la tension, sachant que son mari risquait sa vie. Calmement, en silence, il avait fait ce qu'il estimait juste, mais les enfants et lui avaient été découverts.

Les nazis les avaient tous emmenés, lui et les enfants, jusqu'au Neuvième Fort, sur une haute colline à l'extérieur du ghetto. Maman supplia le policier juif d'y aller et d'essayer de sauver Papa. Il y courut mais, avant qu'il ait pu arriver, les nazis avaient déjà massacré tout le monde à la mitraillette. C'est ce qu'il nous révéla à son retour.

Deux mille enfants furent exterminés pendant la *Kinderaktion*. Des enfants qui étaient notre espoir pour l'avenir, qui s'étaient maintenus en vie pendant près de trois ans, en dépit de tout, et qui étaient maintenant tous morts. Tant qu'ils avaient été en vie, nous pouvions prier et espérer survivre pour reconstruire nos vies. Mais après le massacre des enfants, quel espoir restait-il aux adultes ? Leur mort me donnait l'impression d'avoir cent ans. Je n'appartenais plus à la génération des enfants. J'étais une adulte.

Papa n'avait aucun besoin d'essayer de sauver les enfants. Il aurait dû savoir que c'était sans espoir. Mais c'était tout lui : toujours à faire plus pour les autres que pour sa propre famille. Et maintenant nous avions désespérément besoin de lui.

Jusqu'à la mort de mon père, Maman s'était comportée héroïquement. Elle ne m'avait jamais laissé voir combien elle souffrait. Il y avait eu des jours où j'aurais voulu tout lâcher. En allant travailler, comme nous marchions côte à côte, nous chuchotions tout bas, pour que les gardiens ne puissent pas nous entendre. Toute conversation était interdite. On pouvait être tué, si l'on parlait.

Mais je murmurais quand même : « Je vais quitter le rang et m'enfuir dans les bois. Je m'en fiche, s'ils me tuent. Je ne peux pas travailler comme ça toute ma vie. »

Elle me saisissait la main, craignant que je n'accomplisse le geste fatal. « Ne te fais pas abattre pour rien.

— Je m'en fiche ! » J'étais une adolescente, censée devenir une femme, et quel avenir avais-je ? Mais Maman me consolait. Elle me rassurait. Je n'aurais pas à faire ce travail dégoûtant à l'hôpital pendant toute ma vie. La guerre finirait. Les nazis allaient perdre. Nous serions libérées ensemble si nous restions ensemble. À l'hôpital, elle s'arrangeait pour tenir bon. Tenace, elle nettoyait les crachats et le pus des soldats nazis blessés, et elle ne montrait pas son humiliation.

Mais après l'assassinat de mon père, Maman n'était plus que la moitié d'elle-même. Tout a changé brutalement. Elle a perdu le désir de vivre, et elle a vieilli de quarante ans. J'ai compris que je devais prendre en main la situation, mais où allais-je trouver l'énergie, la volonté, le courage ? Curieusement, cela m'est venu lorsque j'en ai eu besoin.

Il fallait continuer à travailler. Les nazis ne donnaient guère le temps de pleurer à leurs victimes, et ils n'avaient aucune considération pour leur chagrin. L'époux bien-aimé de ma mère, son compagnon depuis plus de vingt ans, venait d'être abattu, et le lendemain elle dut retourner au *Kriegslazarett* pour nettoyer les immondices des soldats malades. Soudain, j'avais perdu mon père, que j'admirais absolument et dont la présence guidait ma vie – et je devais maintenant puiser en moi-même la force qui manquait à ma mère, et qui nous donnerait le pouvoir de continuer.

Mon père avait été la figure dominante de la famille, et Maman et moi nous en remettions tout naturellement à lui, nous comptions sur lui, nous avions besoin de lui. Maintenant qu'il n'était plus, nous devions toutes deux apprendre à vivre seules.

Ma mère et moi étions comme deux nageuses épuisées, prises dans un courant. Chaque fois que l'une coulait, l'autre devait trouver la force de lui tenir la tête au-dessus de l'eau. Au début, j'ai été la première à remonter à la surface et à reprendre mon souffle. C'était un peu plus facile pour moi, car j'étais plus jeune et plus résistante.

J'ai tout de suite compris que j'étais la seule chose qui retienne Maman en vie, et aussi que, de mon côté, je ne pourrais pas survivre sans elle. Elle n'avait que moi, et je n'avais qu'elle. Et aussitôt après la mort de mon père, c'était à moi qu'il incombait de devenir plus responsable, plus active.

Ni ma mère ni moi ne pouvions plus puiser cette force dans la religion. Toute sa vie mon père avait été un homme profondément religieux, et pas seulement pratiquant. Il avait persisté dans sa religion dans les circonstances les plus éprouvantes, dans des conditions impossibles. Il avait perdu tout ce qu'il avait construit, ce pour quoi il avait travaillé toute sa vie, mais il avait toujours affronté l'adversité avec courage et jamais il n'avait renoncé à sa foi.

Je ne pourrai jamais oublier sa manière de prier, chaque matin, dans notre horrible petite chambre encombrée, avec son châle de prière blanc et ses *tefillin.* La foi en Dieu avait soutenu mon père lorsqu'il vivait dans le ghetto, mais je ne pouvais plus croire en Lui maintenant qu'Il avait laissé assassiner mon père.

Avant la mort de mon père, lorsque

nous travaillions, ma mère m'avait épargné les tâches les plus dures, les plus répugnantes. Mais dans les jours qui suivirent, elle était trop accablée pour faire face, et j'effectuais tout notre travail. Par la suite, Maman s'est un peu ressaisie, et nous sommes devenues des partenaires à égalité dans le projet de survivre.

Nous nous sacrifiions l'une pour l'autre. Beaucoup de gens utilisent le terme « sacrifice de soi », mais là, nous le vivions vraiment. Elle se rendait compte que, grâce à elle, j'avais quelqu'un pour qui vivre. Et je savais que, grâce à moi, elle avait quelqu'un pour qui vivre.

Il n'y avait pas d'école dans le ghetto, mais d'une certaine manière je m'instruisais. Je m'instruisais en force et en résistance. Avant le ghetto, j'avais toujours été bien habillée, et jamais je n'avais connu la faim. Jamais je n'avais eu d'autre tâche à accomplir que mes devoirs et mes leçons. La seule chose qui m'ait préparée à la vie du ghetto a sans doute été ma force de volonté. En toutes circonstances, j'étais toujours décidée à surmonter les obstacles.

Rien ne pouvait m'abattre. J'avais beaucoup de caractère, et mes parents avaient valorisé ce trait de ma personnalité.

Mon enfance s'est arrêtée brutalement en 1941. En émergeant de la glacière de la boucherie de Jonas avec ma famille, j'avais cessé d'être une enfant ; mais je n'étais pas encore prête à devenir adulte. Par la suite, lorsque je me considère avec le recul, je ne me vois pas vraiment vieillie – pas au sens normal des années qui s'additionnent. Le ghetto a déformé mon développement. Je ne célébrais plus les anniversaires, je n'évoluais plus de classe en classe, de manière à progresser régulièrement vers l'âge adulte.

J'ai vécu trois ans dans le ghetto. Physiquement, je restais petite et infantile. Mon corps n'était jamais suffisamment nourri pour croître sainement. Et chaque jour de ces trois années, j'ai dû combattre dans ma tête une cruauté insensée, et supporter dans mon cœur une peur et une peine monstrueuses. J'ai vécu trois ans dans le ghetto, mais intérieurement je luttais pour rester la même, pour rester la petite fille que j'avais été en 1941. Je me moquais de moi-même pour être restée attachée à une poupée, mais je m'agrippais à Leslie, que j'avais apportée de Francfort. Je m'efforçais de m'accrocher à des souvenirs de mon enfance : le piano de ma mère, ses robes brodées, la pipe de mon père, sa *yarmulke* de satin noir, l'étoile juive rouge du bonnet de Candy. Peut-être était-ce le seul moyen d'empêcher mon âme de s'abîmer irréparablement.

La guerre semblait durer éternellement. Nous ne savions pas si les Juifs pourraient un jour vivre à nouveau comme des gens libres, normaux. Trois années se sont écoulées ainsi, mais cela semblait une éternité. Pendant ces trois ans, j'ai vieilli d'un demi-siècle.

Les derniers mois du ghetto ont été les pires. Nous étions tous écrasés de chagrin. Les conditions de vie se détérioraient. La nourriture se raréfiait encore. Et les Allemands nous faisaient travailler de plus en plus. Mais nous savions maintenant qu'ils perdaient la guerre. L'été 1944 est arrivé. Les Alliés ont débarqué en Normandie. Il circulait des rumeurs encourageantes. Nous entendions des conversations entre les Allemands. L'Armée rouge approchait, et nous avions quelque chose à espérer.

Si nous parvenions à survivre de jour en jour, peut-être serions-nous encore en vie pour être libérés par les troupes russes qui avançaient. Nous devinions que les Allemands tenteraient de liquider le ghetto avant de l'abandonner. Notre problème allait être de ne pas nous faire tuer ni déporter avant l'arrivée des Russes. Jakob commença à s'y préparer. Il construisit un bunker dans la cave de notre maison, où nous pourrions nous cacher.

L'hôpital militaire où nous travaillions avait sans cesse de nouveaux arrivages de blessés. C'était encourageant pour deux raisons. D'une part, c'était bon de voir l'ennemi prendre une raclée, et puis nous pensions que les Allemands nous maintiendraient en vie aussi longtemps qu'ils auraient besoin de nous pour faire le ménage.

Et puis, le 8 juillet 1944, ils ont entrepris

de rafler tous les Juifs qui restaient dans le ghetto et de les expédier par trains entiers. Cette fois, il n'y avait plus de sélection. Tout le monde partait.

La fin du ghetto est survenue d'un seul coup. Sans avertissement, les Allemands ont donné l'assaut. Ils nous ont convoqués dehors en bloc pour nous avertir que tous ceux qui resteraient en arrière seraient pourchassés et abattus. Pendant ce temps, nous entendions les canonnades des Russes dans le lointain, bruit encourageant mais terrifiant.

Nous n'avions que deux effroyables possibilités : nous présenter volontairement sur la place et nous laisser entasser dans les trains, ou essayer de nous cacher. Nous ne savions pas où ils nous enverraient, mais nous savions que s'ils nous trouvaient cachés, ils nous abattraient sur-le-champ. Le frère de ma mère, Jakob, et ses parents décidèrent d'en prendre le risque et de se terrer dans le bunker qu'ils avaient construit.

« Nous sommes trop vieux », expliqua mon grand-père, et je savais qu'il avait raison. Où que les Allemands nous expédient, il y aurait des sélections continuelles, et les vieillards seraient les premiers tués. Mais j'étais jeune, et Maman n'était pas si vieille. Nous pourrions passer les sélections et continuer à travailler. Nous pourrions vivre. Si Jakob venait avec nous, il pourrait vivre aussi. Mais Jakob décida de rester avec ses parents, en espérant qu'ils pourraient échapper aux fouilles des Allemands.

On a annoncé par haut-parleur que les Juifs devaient se rassembler immédiatement sur la place. Maman et moi avons fait nos adieux à Jakob et à mes grands-parents avant de les laisser derrière nous, dans la maison. Peut-être survivraient-ils. Nous pouvions l'espérer. Nous n'avions pas d'autre choix.

Il nous fut interdit de rien emporter, en quittant le ghetto. J'abandonnai donc Leslie, dernier fragment de mon enfance, cachée sous mon lit. Peut-être pourrais-je revenir la chercher après la guerre.

Nous nous sommes rassemblés sur la place, et les Allemands nous ont conduits au dépôt ferroviaire. Je ne me souviens pas d'avoir eu précisément peur. Dans le fond, j'étais peut-être contente, confusément, de quitter le ghetto, persuadée à tort que rien ne pourrait être pire. Surtout, je devais être littéralement assommée par la perte de tant d'êtres chers : plus de père, plus de grands-parents, plus d'oncle, plus de maison, plus rien à moi. Je me cramponnais à ma mère. Manfred et sa femme, eux aussi, marchaient avec nous dans la foule.

Sur le quai du dépôt, il y avait beaucoup de soldats, qui hurlaient et qui nous frappaient, criant des ordres, nous terrorisant. La confusion et la panique étaient totales, mais tout alla très vite. En quelques heures, ils eurent séparé les hommes des femmes et mis tout le monde dans des trains. Manfred fut emmené avec les hommes avant que ma mère et moi ayons pu lui dire adieu. Dita, sa femme, avait le cœur brisé, mais nous avons été séparées d'elle aussi. Nous ne comprenions pas pourquoi ils séparaient les hommes des femmes : encore un exemple de cruauté gratuite, pouvait-on supposer, si l'on avait encore la force mentale de supposer quelque chose.

Les Allemands nous comptèrent et nous entassèrent dans des fourgons à bestiaux, crasseux et dépourvus de ventilation. C'était une chaude journée de juillet. Nous n'avions pas d'eau à boire. Le seul fait d'attendre dans les wagons immobiles, sous un soleil de plomb, était une torture. Enfin, à la nuit tombée, ils ont attaché une locomotive aux wagons, et le train a quitté Kovno. Par les interstices des parois à claire-voie, je pouvais voir flamber des secteurs du ghetto. Il n'y avait pas d'incendie dans le quartier où habitaient mes grands-parents. Peut-être survivraient-ils.

4

Du camp de travail au four crématoire

Du ghetto de Kovno en flammes, le train nous a emmenées au camp de concentration de Stutthof, où j'ai été séparée de ma mère au cours de la sélection. C'est pendant cette première halte à Stutthof que je suis passée du côté des condamnées à la chambre à gaz, que j'ai échangé mes vêtements contre ceux de ma mère, et que je l'ai ramenée parmi les détenues jugées en assez bonne santé pour travailler à mort, plutôt que de mourir gazées et brûlées. Après la sélection, les gardiens nous ont fait mettre en rangs devant le portail du camp de concentration pour être expédiées dans les camps de travail de la campagne polonaise. Là, dans les mois suivants, la plupart d'entre nous allaient mourir d'insolation, d'épuisement, de faim ou de maladie. Je ne pouvais pas le savoir à l'époque, mais ma mère et moi allions être renvoyées à Stutthof, où aucune ingéniosité de ma part n'aurait pu nous sauver la vie.

À la porte du camp de concentration, maintenant que je m'étais glissée dans les fissures de l'immonde ordre nazi pour arriver à garder ma mère avec moi, nous nous tenions côte à côte en silence dans la longue colonne de femmes. Je ne reconnaissais aucun visage autour de moi. Personne ne parlait. Debout là, nous attendions. Derrière nous, la sélection se poursuivait. Nous entendions les pas traînants des femmes, leurs sanglots quand on les arrachait à leurs proches, les cris violents des gardiens qui poussaient les femmes vers leur destin. On entendait des portes se fermer brutalement, un chien gronder.

En silence, je faisais le compte de ce qui me restait : une paire de socques en bois, les vieux vêtements de quelqu'un d'autre, et ma mère. Nous étions toutes deux très affaiblies. La terrible épreuve que nous venions de subir nous avait exténuées, et nous n'avions plus guère de forces en réserve. Nous n'avions pratiquement rien mangé depuis qu'on nous avait chassées du ghetto de Kovno. Évidemment, nous n'avions guère dormi non plus dans le fourgon à bestiaux bondé qui nous avait emportées. Le sol du wagon était couvert d'excréments, sur lesquels étaient tombées des femmes évanouies, mourant d'épuisement et de suffocation. Nous étions arrivées à Stutthof dans un état d'hébétude mentale, physique, spirituelle et morale qui ne nous laissait aucune énergie pour supporter les violences qui nous étaient infligées pendant les préparatifs de la sélection et la sélection elle-même. À présent, nous étions encore plus exténuées.

Dépouillées de toute espérance, nous attendions au soleil. Il leur fallut longtemps pour rassembler un assez grand nombre de femmes pour leurs objectifs. Des gardiens lourdement armés encadraient la colonne, comme si nous avions la force, pauvres femmes harassées, d'organiser une rébellion contre l'armée allemande. Pour certaines, le seul fait de rester debout en ligne suffisait à les épuiser.

Les gardiens nous surveillaient avec indifférence, mais je savais que la violence pouvait exploser soudainement. Je redoutais que ma mère ne défaille et ne tombe évanouie, car les kapos se précipiteraient pour la battre à mort, là où elle serait tombée. Le matin même, j'avais vu une kapo tuer une femme à coups de pied, juste pour s'amuser.

L'incident avait eu lieu dans un grand hangar où ils avaient procédé à la distribution des vêtements. Les kapos, des Allemandes en uniforme, circulaient parmi nous pour s'assurer que nous en finissions le plus vite possible et pour nous empêcher de récupérer ce que nous pourrions avoir caché dans nos doublures pour le transférer dans quelque autre cachette. L'une des détenues, âgée d'une trentaine d'années, a posé une question à la kapo. Je n'ai pas entendu ce qu'elle disait, mais sans doute n'était-ce ni sarcastique ni impertinent – et pourtant j'aurais voulu que ce le soit, étant donné ce qui lui est arrivé. Sans prévenir, la kapo fit volte-face avec un grand mouvement de bras, en concentrant dans le coup toute la force de son corps trapu. La détenue, cruellement frappée au cou, tomba à terre. Et là, tandis que la malheureuse gémissait en se tordant, cherchant faiblement à se protéger avec ses bras, la kapo se mit à sauter à pieds joints sur son corps. La prisonnière commença par hurler de douleur, puis elle se tut, sombrant dans l'inconscience. Quand elle fut morte, la kapo retourna le corps avec son pied. Elle regarda autour d'elle avec un sourire satisfait, et essuya soigneusement ses bottes sur les vêtements de la morte.

Puis elle appela deux autres détenues, qui s'approchèrent, terrifiées. « Emportez cette ordure », ordonna-t-elle. Elles n'osèrent pas demander où il fallait porter le corps. Elles se contentèrent de le soulever par les pieds et les épaules, et de l'emporter dehors. En quelques instants les traces sanglantes disparurent sous le piétinement de centaines de pieds, et il ne resta plus le moindre signe du crime, à l'exception de la peur atroce qui se tapissait dans le cœur de toutes celles d'entre nous qui l'avaient vu.

« Maman, chuchotai-je. Il faut être fortes, maintenant. Il faut nous accrocher à la vie. » Elle me regarda d'un air défaillant. « Maman. Toutes les deux. Nous vivrons. »

Enfin, après je ne sais combien de temps, ils nous ont fait avancer, franchir les portes du camp, et marcher jusqu'à la voie ferrée, où ils nous ont forcées à remonter dans les mêmes wagons répugnants qui nous avaient amenées à Stutthof. Personne ne les avait nettoyés, sauf pour ôter les cadavres.

Une fois les portes refermées et verrouillées, quelques détenues essayèrent d'imaginer où les Allemands allaient nous emmener. Et lorsque le train se mit en marche, elles essayèrent de déterminer quelle direction nous prenions, comme si cela avait pu nous donner un quelconque contrôle sur notre situation, une clé pour survivre. Nous ignorions si nous allions rouler une journée ou une semaine, ou seulement quelques heures. L'horreur de l'incertitude était presque plus effrayante que le spectre de la mort certaine, que nous venions d'affronter dans le camp de concentration.

Ce soir-là, après avoir roulé quelques heures vers le sud, on nous a fait descendre du train près de la ville polonaise de Torun. Là, on nous a réparties en plusieurs groupes pour nous expédier dans des camps de travail plus petits, où aucun aménagement n'existait. Nous dormions dehors par tous les temps, sur le sol, à deux sous une mince couverture. Nous devions nous laver dans des baquets et des seaux, et nous soulager dans des tranchées. Nous portions les mêmes vêtements jour après jour jusqu'à ce qu'ils soient raidis dans une véritable gangue de sueur et de crasse, qui constituait une part plus importante du vêtement que les maigres fils qui en formaient l'étoffe usagée. Notre seule nourriture était une infâme soupe aux épluchures de pommes de terre. Je sens encore les saletés crisser sous mes dents, lorsque je songe à cette soupe.

Ma mère et moi avons été envoyées creuser des abris pour les tanks, pour défendre la ville contre l'avancée de l'armée russe. C'était le plus dur labeur que nous ayons jamais fait. Mais, de même qu'au ghetto, je m'efforçais de garder le sourire en allant au travail. Malgré l'horreur des souffrances, je faisais de mon mieux pour trouver le moyen d'apprécier la vie : un peu de chaleur du soleil, un brin d'herbe à mordiller, un rêve. Nous n'avions aucun espoir, mais je me forçais à espérer, et j'encourageais les autres détenues à prendre un air moins abattu.

Les Allemands nous rendaient le travail aussi dur et ingrat que possible. Avec des pioches et des pelles, nous devions creuser des trous profonds dans le sol, et lisser la terre des parois. Ma mère n'avait pas la force de creuser, mais j'étais bonne ouvrière. Les abris de tanks avaient trois ou quatre mètres de profondeur. Pour épargner ma mère, j'effectuais les tâches les plus dures. Du fond de ces trous, petite fille que j'étais, je devais rejeter les pelletées de terre très haut par-dessus ma tête, enfoncée dans l'ombre de ces hautes parois, surveillée d'en haut par un soldat armé d'une mitraillette, et que mes efforts amusaient. Le kapo aimait me voir souffrir. Il avait l'air d'être en haut d'une montagne, penché pour me regarder projeter une pelletée de terre après l'autre par-dessus le bord de la fosse. J'avais à peine la force de lever les bras, sans même parler de la pelle, alourdie par sa charge de terre. Mais parce que j'étais si bonne ouvrière, les gardiens donnaient à ma mère un travail plus facile ; elle égalisait et tassait la terre autour des abris. En travaillant bien, je gagnais aussi une ration supplémentaire de soupe quotidienne, que je partageais avec elle. Je ne travaillais pas pour les Allemands, je travaillais pour ma mère.

Les journées n'avaient pas été aussi longues depuis notre séjour dans la glacière à viande de Jonas. Ils nous réveillaient à l'aube avec des cris et des coups, puis nous devions nous mettre en ligne pour être comptées. Nous n'étions pas nombreuses, une centaine, mais le comptage du matin pouvait durer très longtemps si les gardiens avaient envie de nous tourmenter. Puis ils nous escortaient jusqu'aux champs où nous creusions les abris de tanks. C'était une marche de plusieurs kilomètres dans chaque sens et, cette fois, personne ne me parlait gentiment comme Benz l'avait fait au temps du ghetto. Chaque jour était comme le jour d'avant. Plus nous creusions, plus haut il fallait rejeter la terre. Mes bras et mon dos me tourmentaient de l'aube à la nuit, puis toute la nuit aussi. Le ventre vide, nous allions dormir sur des herbes sèches que nous entassions pour amortir un peu la dureté du sol, mais ce n'était pas un sommeil réparateur.

Nous rythmions le passage du temps avec nos coups de pioche et le balancement de nos pelles, avec la terre qui changeait de place. Les nazis nous faisaient travailler vite – sinon nous étions battues – et il fallait apprendre des trucs pour économiser notre énergie. Il fallait apprendre à nous reposer entre deux coups de pioche sans avoir l'air de nous reposer. Tout en creusant, nous priions pour que ces défenses échouent contre l'Armée rouge, quand elle viendrait délivrer Torun. Nous priions. Que l'Armée rouge arrive comme un grand incendie et détruise tous les tanks allemands dans leurs abris.

Les journées passaient lentement, à accomplir ce labeur éreintant. Comme il n'y avait jamais assez de nourriture, nous maigrissions, nous faiblissions, et le travail nous était de plus en plus pénible. Chaque jour était sans fin, et pourtant les jours passaient trop vite, car l'automne approchait, annonçant le féroce hiver polonais.

Les amitiés ne se développaient guère entre détenues. Il y avait peu de signes apparents de solidarité. Personne n'en avait la force. Nous étions comme des bêtes harassées, ne pensant qu'au moyen d'avoir un peu plus de nourriture, un peu plus de repos, au moyen de ne pas être battues. Nous dormions dehors, sur de maigres paillasses d'herbes sèches que nous rassemblions nous-mêmes, et nous avions une couverture rugueuse pour deux. Le camp était sur une colline, sans clôture, mais il n'y avait nulle part où fuir. Nous étions en territoire hostile. Les kapos avaient une tente et, chaque soir, ils se rassemblaient autour d'un grand feu. Ils voulaient nous faire voir et sentir comme ils mangeaient bien tandis que nous mourions de faim.

Les kapos étaient choisis pour leur cruauté, qui semblait être leur principale qualification. Quant au chef des gardiens, c'était un vrai criminel. On apprenait très vite à ne pas se trouver sur son chemin. Tous les kapos prenaient plaisir à nous voir souffrir. Ils nous tourmentaient et nous torturaient jusqu'à l'écroulement et la mort.

J'avais tout le temps faim. Chaque nuit je rêvais de pain beurré et de chocolat chaud – des rêves en technicolor, où j'avais toute la nourriture que je voulais, des tasses et des tasses de chocolat bien chaud et onctueux, et du pain croustillant avec beaucoup de beurre. Ces rêves n'auraient pas pu être plus différents des minuscules portions d'infâme nourriture qu'on nous distribuait, et qui se résumait à cette soupe aqueuse où baignaient des épluchures de pommes de terre, et tellement sale qu'elle crissait sous la dent. Ils faisaient la soupe au camp et nous l'apportaient.

Par chance, j'étais encore une enfant attendrissante. De temps en temps, avec un gentil sourire, je pouvais amener un soldat à avoir pitié et à me lancer un morceau de pain. La moitié d'un sandwich était un immense trésor. Je partageais ces coups de chance avec ma mère. De même qu'au ghetto, il y avait des femmes qui couchaient avec les kapos pour obtenir des suppléments de nourriture et des faveurs. Ma mère n'approuvait évidemment pas ces comportements, mais elle me laissait entendre que je pourrais le faire aussi si cela devait me sauver la vie, et cette perspective me paraissait horrible.

J'étais résolue à ne pas le faire, à moins de n'avoir absolument plus aucun autre espoir.

Malgré la cruelle sauvagerie de notre vie au camp, malgré la peur et l'avilissement, malgré la douleur physique et la faim, je voulais absolument continuer à vivre. J'avais de l'endurance, et je m'aidais de rêves et de prières pour supporter la souffrance. Je luttais pour remonter le moral de ma mère, et jamais je ne laissais l'espoir s'éteindre en moi.

La nouvelle nous parvenait parfois que les Russes avançaient. Mais pourquoi si lentement ? Nous espérions que le salut viendrait. C'était une bénédiction, de pouvoir garder espoir. L'espoir pouvait vous maintenir en vie. Et puis la colère nous donnait des forces. Nous étions en colère contre le monde. Où étaient-ils tous ? Combien de temps allait-il encore falloir avant que les Alliés n'écrasent les nazis ? Nous savions que les nazis perdraient la guerre un jour, et nous nous agrippions à la vie pour assister à ce jour-là.

Les mois passaient, et le temps se refroidissait. Nous ne percevions aucun signe de l'avancée des Russes. Mais l'hiver approchait. Déjà au début de l'automne, le vent froid et humide transperçait nos minces vêtements. Nous aurions aussi bien pu être nues. Il n'y avait pas d'autre abri qu'une sorte de baraquement improvisé, et nulle part où se laver. Le vent sans pitié nous violaçait et nous gerçait la peau. La terre s'infiltrait dans les engelures, et nous avions terriblement mal lorsque nous devions replier les doigts.

Nous n'avions pas grand-chose à nous dire entre détenues. Si je n'avais pas eu ma mère, j'aurais été tout à fait seule. La solitude m'aurait autant affaiblie que le travail et la faim. Pour chacune de nous deux, avoir l'autre à protéger nous donnait la force de tenir.

Loin de tout, abandonnées, nous creusions des trous gigantesques dans une immense plaine totalement isolée du reste du monde. Nous étions émaciées. Nous chancelions plus que nous ne marchions. Je me souviens de m'être demandé, en regardant mes compagnes d'esclavage, comment elles arrivaient encore à tenir debout, et quand elles allaient mourir. Je devais leur ressembler, mais je n'avais pas de miroir où me regarder. Je m'inquiétais surtout pour ma mère, et je priais pour qu'elle garde ses forces et sa santé. Je devais lui entretenir le moral en parlant de l'avenir, en lui racontant comme nous serions heureuses quand la guerre serait finie. J'étais plus solide qu'elle, et je m'efforçais de lui épargner tout ce qui était en mon pouvoir.

Les nazis ne nous donnaient pas le quart de la nourriture qu'il nous aurait fallu pour rester en vie, mais ils exigeaient une grande quantité de travail très dur. Nous nous affaiblissions de plus en plus. Lorsqu'une femme devenait trop faible ou qu'elle tombait malade sans espoir de rétablissement, ils la renvoyaient par le train à Stutthof, pour passer à la chambre à gaz et au four crématoire. La mort était une chose quotidienne.

Tout devenait beaucoup plus dur par grand froid. Les manches des outils gelaient. Les outils semblaient chaque jour plus pesants. Nous n'avions plus la force de les empoigner et de les manier correctement. La seule bonne chose avec ce travail, c'est qu'au fond d'un abri de tank on était protégé du vent.

Quand il pleuvait, la terre se muait en boue épaisse, si lourde qu'on parvenait à peine à la soulever du fond. Toute la journée nous travaillions sous la pluie glacée, sans autre protection que nos minces vêtements de détenues, enfoncées dans la boue jusqu'aux chevilles ou aux mollets. Cette boue collait à nos socques, qui nous quittaient les pieds. Lorsque la pluie cessait, un peu de soleil nous réconfortait, si le vent n'était pas trop fort, mais quand la terre séchait elle devenait froide et dure, comme du ciment, et il devenait deux fois plus dur de creuser.

Un jour qu'il y avait du soleil, je balançai ma pioche de toutes mes forces pour briser la terre durcie, mais la fatigue fit dévier mon coup, et la pioche me heurta la jambe et s'y planta. La douleur me terrassa. Ma mère vit ce qui m'arrivait et s'élança dans la fosse pour me secourir.

« Où vas-tu, chienne ! hurla le gardien en pointant son arme sur elle.

— Ma fille, ma fille est blessée ! » répondit-elle sans interrompre sa course vers moi.

Elle eut à peine le temps de regarder ma jambe. Le kapo hurlait : « Remonte travailler, ordure ! » Puis, me braquant : « Debout ! Pas de repos ! »

Ma mère m'aida à me relever, mais je ne tenais plus debout. Je n'avais pas l'impression d'avoir un os cassé, mais ma jambe saignait abondamment et commença aussitôt à enfler. Ma mère regagna lentement sa place, le visage plus triste que jamais.

« Au travail, tout de suite ! me cria le kapo.

— S'il vous plaît, laissez-moi juste une minute. Ma jambe est gravement blessée », implorai-je. Si je n'avais pas eu la réputation d'une bonne travailleuse, le kapo m'aurait abattue sur-le-champ. En fait, il me donna à peine le temps de me remettre un peu. Je ne pouvais pas nettoyer la plaie ni la panser. Ils me forcèrent à poursuivre le travail toute la journée.

Cette nuit-là, la douleur m'empêcha de dormir. Mais la crainte était bien pire que la douleur. Une blessure grave était une sentence de mort. Je ne pouvais pas accepter cela.

Au réveil, ma mère me demanda anxieusement : « Comment va ta jambe ? » Nous l'avons donc examinée. C'était épouvantable à voir. Je me sentis défaillir à cette seule vue. Le mollet était enflé. La chair était décolorée. Je souffrais horriblement, mais je me forçai évidemment à me lever.

Je claudiquai jusqu'à l'appel du matin puis, après le comptage et les insultes habituelles, je claudiquai encore jusqu'à l'endroit où était distribué ce qui tenait lieu de petit déjeuner : une gamelle d'un liquide tiède et aqueux, prétendument un ersatz de café, et une petite tranche de pain dur, rassis et mal cuit. Puis nous nous sommes mises en rangs pour partir travailler. Là, je me suis rendu compte que je serais absolument incapable de marcher trois ou quatre kilomètres à travers des champs boueux et creusés d'ornières. Je me suis laissée tomber par terre en pleurant. Pour moi, c'était la fin.

Ils m'ont laissée me reposer ce jour-là, mais en réduisant ma ration à une seule écuelle de soupe, puisque je n'étais plus productive. Une journée de repos ne suffisait évidemment pas. Lorsque ma mère revint du travail ce soir-là, elle n'eut guère à me demander comment je me sentais. Je geignais de souffrance.

Le temps s'éternisait. Cela a-t-il duré une journée ou une semaine ? Je l'ignore. J'étais trop malade pour avoir conscience du temps qui s'écoulait. C'est incroyable qu'ils ne m'aient pas tuée. Peut-être est-ce parce que je travaillais si bien jusque-là. Peut-être parce que j'étais encore une gamine et que j'essayais toujours d'être de bonne humeur, et même de me forcer à sourire aux monstres sadiques qui nous surveillaient. Je ne sais pas pourquoi, mais ils me laissaient tranquille dans le baraquement, à tenter de guérir. Une ou deux fois, un gardien moins méchant que les autres m'apporta même un morceau de pain avec un bout de fromage ou de saucisse. Aucun trésor au monde n'aurait pu avoir la valeur d'un reste de sandwich en ce temps-là.

Les autres détenues s'inquiétaient pour moi. Tout le monde avait des suggestions, mais rien ne marchait. La plaie infectée suppurait, mon énorme mollet virait au rouge, au noir, au bleu. Cette enflure était monstrueuse. Mes jambes, comme le reste de mon corps, n'avaient plus que la peau sur les os, de sorte que j'avais l'air d'un squelette avec un gros sac plein d'eau accroché derrière le genou. J'avais une forte fièvre, et mon état de délire m'empêchait d'avoir peur. Ma mère partait le matin travailler d'un cœur lourd, chargé d'appréhension. Elle ne savait pas si elle me retrouverait en rentrant. Étendue contre moi, elle sanglotait à fendre l'âme, et je devais la consoler.

Un jour, un médecin nazi entra dans notre baraquement et examina ma jambe. Les kapos ne l'avaient sûrement pas fait venir pour me soigner. Ce devait être une sorte de tournée d'inspection, ou bien une visite pour soigner un kapo, et on l'avait amené pour voir ce qu'il pourrait faire pour moi.

Le médecin ressemblait à n'importe quel autre officier nazi, propre, raide, fier, et méchant. D'un geste brusque il repoussa la couverture crasseuse, avec sa badine pour ne pas avoir à la toucher de ses mains. Il examina ma jambe de loin, sans la toucher. La terrible puanteur du pus lui tordait la bouche de dégoût, mais il restait impassible. Puis, sans un mot, il tira un canif de sa poche, l'ouvrit et incisa l'abcès. Il tailla carrément dans le vif. La douleur submergea mon corps tout entier et m'aveugla un moment. Le pus et le sang ruisselaient sur la paille, au-dessous de moi. Le médecin dut reculer en se détournant tellement je sentais mauvais.

La douleur fut longue à se calmer, mais je n'osais pas crier. Si je criais, le médecin nazi risquait d'être contrarié et de sortir son revolver pour me tirer une balle dans la tête. C'est une chose que j'avais vue se produire assez souvent, même dans le ghetto. Sans un mot, le médecin essuya méticuleusement le sang et le pus sur la lame de son couteau, le referma et le remit dans sa poche. « Il faudra que je pense à désinfecter ce canif », l'entendis-je marmonner. Puis il tourna les talons et me laissa sur mon immonde châlit, tremblante de fièvre. Les élancements me causaient des explosions fulgurantes de douleur dans la jambe.

Dès que j'en fus capable, je sortis en boitant pour chercher de l'eau et me laver la jambe. La chair était très sensible mais, malgré la douleur, je pressai très fort mon mollet pour expulser tout le pus. Puis je retournai me coucher, mais par terre, avec le pied rehaussé pour rétablir la circulation. Lorsque ma mère rentra, le soir, avec la brigade de travaux forcés, j'avais un peu repris espoir et je lui annonçai que j'avais reçu des soins médicaux pour ma blessure, et que maintenant j'allais sans doute guérir.

Nos compagnes aidèrent ma mère à ramasser des herbes propres pour remplacer la paille imbibée de sang et de pus.

Pour la première fois depuis l'accident – je ne sais combien de jours auparavant – je dormis d'un sommeil paisible. Sinon le lendemain, du moins le surlendemain, je serais en état de retourner travailler et, tant que je pourrais travailler, je survivrais.

Le matin vint. Je me sentais revivre. Ma jambe ne pouvait pas encore supporter mon poids pourtant minuscule, mais j'étais sûre que mon état allait s'améliorer. Après notre maigre ration du matin, je m'efforçai de donner du courage à ma mère qui partait travailler. Puis je regagnai le baraquement en boitant et m'allongeai, avec le pied surélevé. Je priai pour qu'aucun kapo ne décide de venir me tourmenter pour s'amuser, je priai pour que ma mère tienne bon, et je priai pour que ma blessure guérisse. Je récitai toutes les prières que je me rappelais du temps où j'accompagnais mon père à la synagogue, dans mon enfance, et je songeai au merveilleux homme qu'avait été mon père. Puis, somnolant, je rêvai de lui. Il était au paradis, et une voix disait que ses mérites nous sauveraient, ma mère et moi. Je fis encore d'autres rêves heureux. Je vivais avec mes deux parents dans un paradis nommé Terre d'Israël, une terre de lait et de miel. J'étais mariée à un bel agriculteur qui cultivait une orangeraie et nous avions plein d'enfants superbes. Je les emmenais à la plage sous un soleil bien chaud, et les vagues venaient se briser sur le sable.

J'avais foi dans mes prières mais, ce soir-là, je vis bien qu'elles n'avaient pas été exaucées. Le mollet était toujours infecté. En fait, l'infection avait même contaminé le haut de ma jambe, et cela recommençait à enfler. La fièvre était revenue. Désespérée, maintenant, ma mère demanda conseil à ses compagnes. Elle-même avait quelques notions médicales, grâce à son frère Jakob, qui était médecin. Personne d'autre n'en sachant davantage, elle décida d'expérimenter son propre remède.

Elle fit chauffer du sable dans une boîte en fer-blanc sur le feu et l'enveloppa d'un chiffon. Elle posa le paquet de sable brûlant sur l'infection, dans l'espoir de désinfecter la blessure et de faire écouler le pus. La blessure se rouvrit en effet, et le pus coula, mais le traitement était aussi douloureux que la blessure, et l'infection restait tenace.

Le lendemain, la fièvre était forte, mais j'avais suffisamment conscience de mon environnement pour avoir peur et pleurer. Je savais maintenant que ma jambe ne guérirait jamais. Soit l'infection se répandrait et je mourrais d'un empoisonnement du sang, soit les kapos m'achèveraient et jetteraient mon corps dans un fossé avant que j'aie succombé à l'infection.

Je n'avais pas songé à la troisième possibilité, qui était justement celle qui se produisit. Un matin, trois kapos, parmi lesquels le chef du camp, entrèrent dans le baraquement, me regardèrent et prirent leur décision : « *Sie ist hoffnunglos* » – elle est fichue. « Demain, on vous envoie à l'hôpital. »

C'est ce qu'ils me dirent, mais je n'en crus rien. Depuis que nous étions dans le camp de travail, tous les adultes connaissaient l'existence des chambres à gaz et des fours crématoires. Je les entendis prononcer le mot « crématorium ». Ma mère s'efforçait de me cacher l'horrible vérité. Je devinais que ce devait être quelque chose d'abominable, mais sans savoir quoi exactement, et je n'étais pas pressée de le découvrir. Néanmoins, il était clair que les nazis m'envoyaient à la mort. J'avais terriblement peur et je m'inquiétais à l'idée de perdre ma mère à jamais. J'avais abandonné tout espoir.

Mais je ne voulais pas le dire à ma mère. Je pensais qu'on m'emmènerait pendant qu'elle et les autres seraient sur le chantier. Elle ne me retrouverait pas en rentrant, mais elle n'aurait pas besoin de savoir exactement ce qui me serait arrivé. Cependant, j'étais trop faible pour supporter l'idée de quitter ma mère à jamais sans lui avoir même dit adieu. Lorsqu'elle s'étendit contre moi cette nuit-là, sur ces herbes à l'odeur putride, je lui annonçai : « Maman, demain, ils me renvoient à Stutthof. » Trop accablée de chagrin pour me répondre, elle fondit en larmes à côté de moi. « Ne t'inquiète pas, lui dis-je. Ils m'ont dit qu'ils m'envoyaient à l'hôpital. Je vais guérir, et puis ils me renverront ici avec toi. »

Nous savions l'une comme l'autre que je mentais. Elle me serra toute la nuit entre ses bras, et le lendemain matin sa décision était prise. C'est là que ma mère s'est sacrifiée pour moi. Lorsque les kapos alignèrent les détenues pour les escorter au chantier, ma mère s'écria en pleurant : « Envoyez-moi à Stutthof avec ma fille. Je suis malade aussi. À quoi suis-je bonne, sans elle ? »

Les kapos s'en fichaient bien. Ce n'était pas une bonne travailleuse. Une « vieille » femme de plus ou de moins n'avait aucun intérêt pour eux. Un kapo fut chargé de nous emmener.

« En marche, espèces de truies ! Au train ! » hurla-t-il, comme si le fait de hurler allait accélérer les choses. La voie de chargement du chemin de fer était éloignée d'un ou deux kilomètres, et je ne pouvais pas marcher du tout. Je fis un pas et m'écroulai. Le kapo me lança un coup de pied furieux. « Debout, sale chienne ! » Ma mère m'aida à me relever. « Porte-la ! » cria-t-il à ma mère. Je passai un bras autour des épaules de Maman, et elle essaya de me soutenir, mais elle était trop faible. Nous n'avancions pas.

Lorsqu'il comprit que ma mère n'avait pas assez de force pour me porter jusqu'à la voie ferrée, le kapo nous arrêta. Apparemment, il ne savait pas exactement quoi faire de nous. Il avait reçu l'ordre de nous mettre dans le train, mais personne ne lui avait dit comment y parvenir. Qu'allait-il se passer ?

Nous étions arrêtés à vingt ou trente pas de la clôture du camp, bizarre trio : deux silhouettes crasseuses en haillons puants – une femme émaciée d'une quarantaine d'années qui en paraissait soixante, et une adolescente également émaciée, si petite et si maigre qu'elle aurait pu avoir dix ans, avec une jambe qui pendait inutilement – et puis le kapo, un jeune voyou allemand bien nourri, vêtu d'un uniforme propre et chaud, armé d'une cravache et d'un fusil, qui nous regardait avec une cruelle indifférence. Et nous étions plantés là, au milieu d'un grand champ presque désert. À l'exception des quartiers des gardiens, il n'y avait pas une maison en vue. Le monde était vide à l'exception du camp, et au loin, de l'autre côté d'un vaste terrain creusé d'ornières par les vents d'hiver, passait la voie ferrée. C'était une journée grise et froide, sans la moindre lueur de soleil, mais pas assez froide pour empêcher qu'il y ait des mouches agglutinées sur ma blessure. À un moment donné, pendant la matinée, un train de marchandises devait passer et nous allions y être embarquées, si seulement nous parvenions jusqu'au chemin de fer. Sinon, quelque part entre l'endroit où nous nous trouvions et ces rails, nous allions mourir.

Le kapo était de plus en plus furieux. Dans un moment, je savais qu'il allait nous abattre ou nous frapper à mort. La frustration lui agitait les bras de tics nerveux. J'imaginai nos misérables corps jetés dans un fossé pour y pourrir, ou juste abandonnés dans le champ pour les chiens errants. J'avais terriblement mal à la jambe, et j'étais fiévreuse. Peut-être ne serait-ce pas si mal d'être morte, si cela signifiait la fin de la douleur.

Puis nous fûmes sauvées par une amie. Une jeune femme de notre camp nous aperçut, impuissantes au milieu du champ, moi incapable de marcher, et ma mère trop faible pour m'aider. La jeune femme se porta volontaire pour aider à me traîner jusqu'au train. C'était l'un des gestes les plus généreux qu'on puisse imaginer. Elle-même ne pouvait pas être sûre d'avoir assez de force pour me porter sur une telle distance. Et si elle défaillait, elle serait abattue avec nous. Et puis, bien sûr, elle risquait d'être jetée aussi dans le train de Stutthof, avec ma mère et moi, lorsque nous arriverions ensemble à la voie ferrée. Elle savait tout cela, et pourtant, lorsqu'elle nous vit qui avions besoin d'aide, elle en prit le risque. Je lui dois la vie, et je ne me souviens même plus de son nom.

Je gardai un bras autour des épaules de

ma mère, et passai l'autre sur celles de cette jeune femme, et nous repartîmes ainsi, tant bien que mal, en direction de la voie ferrée tandis que le kapo bondissait autour de nous en nous lançant des coups de pied ou des coups de fouet chaque fois qu'il trouvait que nous avancions trop lentement. Nous n'avions, toutes les trois, que la peau sur les os et, si légère que j'aie été, cette femme et ma mère avaient à peine la force de me soutenir. Elles me traînèrent donc pendant environ deux kilomètres. La marche était dure sur le sol inégal, et nous trébuchions constamment. J'ignore combien de temps cela a duré. Mais je ne me rappelle rien d'autre, dans ma vie entière, qui ait duré aussi longtemps. Chaque pas nous était une souffrance. Je les entendais geindre et haleter en marchant, et j'étais désolée pour elles. Mais je souffrais horriblement aussi. J'avais bien du mal à empêcher ma jambe malade de heurter le sol et, chaque fois qu'elle touchait quelque chose, même une herbe folle, une atroce douleur explosait et faisait trembler tout mon corps.

Mes bras me faisaient mal aussi. J'avais l'impression que cette femme et ma mère les arrachaient de leurs articulations. Je gémissais doucement. Je n'osais pas crier. Cela risquait de fâcher le kapo, et il nous tuerait toutes les trois.

Nous arrivâmes enfin à la voie de chargement. Un autre soldat était là, avec un petit groupe de détenues malades qui étaient devenues inutiles pour les nazis. Leurs visages étaient vides, pas le moindre tressaillement de réaction à notre arrivée, ni à rien, comme si elles étaient déjà mortes, comme si elles ne pouvaient déjà plus rien sentir. Le kapo nous laissa là, ma mère et moi, avec ce groupe effrayant, et il ramena au camp de travail la femme qui s'était offerte à nous aider. Nous ne l'avons jamais revue.

Le gardien nous laissa nous asseoir, mais quelques autres prisonnières malades étaient trop indifférentes pour profiter de cette faveur inhabituelle. Nous attendîmes le train en silence. J'avais mal aux bras, ma jambe m'élançait, j'avais faim et soif, et je plaignais ma mère, qui baissait la tête à côté de moi, épuisée par le long effort de me porter. Je tendis ma main endurcie et pressai la sienne. Elle répondit à ma pression, mais sans avoir le courage de me regarder. Au moins, nos âmes étaient encore vivantes.

Le train finit par arriver, une longue succession de fourgons à bestiaux. Les gardiens nous poussèrent à l'intérieur et nous enfermèrent. Nous n'étions pas entassées et nous ne suffoquions pas, mais nous avions à peine la force de trouver des positions confortables. Nous restions flanquées comme on nous avait jetées, sur la paille souillée qui couvrait le sol du fourgon à bestiaux. Le train s'arrêtait et repartait sans cesse, attendait de longues heures à un endroit ou un autre. Et personne ne nous apportait d'eau ni de nourriture, bien sûr.

De temps en temps, ils jetaient d'autres femmes à l'intérieur. Il se trouve que Hanni, une amie que j'ai gardée jusqu'à ce jour, était l'une de ces femmes. Elle avait été expédiée dans un autre camp de travail avec sa mère, et voilà que sa mère était devenue trop faible pour travailler. Hanni était renvoyée à Stutthof avec elle. Elle fut effrayée de voir à quel point mon infection m'avait affaiblie, mais elle s'efforça de réconforter ma mère. Ce fut un long voyage, lent et pénible, jusqu'au camp de concentration de Stutthof.

Enfin le train ralentit et s'arrêta en grinçant. Des gardiens ouvrirent les portes dans un vacarme terrible. La plupart des détenues émaciées qui étaient étendues par terre étaient trop faibles pour parler ou même lever les yeux. Les gardiens hurlèrent : « Dehors ! » Laborieusement, Hanni nous aida toutes à descendre, sa mère, la mienne, et moi. Ma jambe me faisait tellement mal que je ne pouvais pas me tenir debout sans soutien. De nombreuses autres prisonnières n'avaient pas la force de se lever. Des gardiens montèrent dans les fourgons et les projetèrent sur le quai à coups de pied. Elles restèrent affalées là où elles étaient tombées. Je me souviens d'avoir contemplé avec une compassion impuissante et horrifiée ces gens apathiques, affamés et gonflés de malnutrition.

Dans le camp de travail, nous avions été isolées, un petit groupe assez peu surveillé d'en haut, dirigé par des gens mal formés et sous-qualifiés, et les choses ne s'étaient pas toujours faites avec la légendaire efficacité teutonne. Maintenant, nous étions sur une chaîne bien organisée qui allait nous mener inexorablement à la mort.

On nous rassembla dehors. Un redoutable vent d'hiver nous fouettait. Les gardiens nazis, emmitouflés dans des gros manteaux bien chauds, doublés de fourrures qu'ils nous avaient volées, à nous les Juifs, croisaient les bras et tapaient des pieds pour ne pas se refroidir. Nous, presque nues, nous n'étions pas protégées par la moindre couche de graisse, mais certaines d'entre nous étaient devenues trop apathiques pour seulement tourner le dos au vent.

La première étape s'appelait *Entlausung* – épouillage. Nous avions vraiment grand besoin d'être épouillées. Nous étions sales.

Nous dégagions une véritable puanteur, et nos vêtements grouillaient de vermine grasse qui se répandait aussi dans nos cheveux. Notre chair émaciée en était toute boursouflée. La vermine nous suçait le sang. On pouvait en mourir.

Si nous ne pouvions pas marcher jusqu'à *l'Entlausung,* on nous jetait sur une sorte de grand chariot qu'ils appelaient un *Karre.* Des prisonniers polonais de droit commun, des hommes qui avaient commis des crimes graves, violents, chargeaient ces chariots et les tiraient. Comme ils étaient infiniment mieux nourris que les Juifs, ils étaient beaucoup plus forts et en bien meilleure santé que nous. J'étais même trop faible pour marcher du quai jusqu'aux chariots. Hanni et ma mère me soutinrent et m'amenèrent jusque-là. Puis, sans effort, un prisonnier polonais me souleva et me jeta sur un tas de détenues à moitié mortes, grouillant de vermine, tout en os pointus. Il jeta d'autres femmes par-dessus moi et se mit en route. Ma mère marchait à côté du chariot tandis qu'il nous menait à l'épouillage. Hanni et sa mère ont alors été séparées de nous. Sa mère a péri dans les chambres à gaz de Stutthof, et quant à elle je ne l'ai plus revue qu'après la libération.

Quelqu'un gisait sur ma jambe infectée. La souffrance était phénoménale, et je faillis perdre connaissance. Du chariot, je ne voyais pas où l'on nous emmenait. Et je souffrais trop pour seulement y penser. Chaque cahot projetait le genou de cette autre malheureuse contre ma jambe, et je poussais un hurlement de douleur. Personne ne m'ordonnait de me taire. J'essayais de me tortiller pour changer de position, mais je n'y arrivais pas. Les autres femmes ne bougeaient pratiquement pas. De temps à autre, j'entendais un gémissement étouffé.

De toute façon, le voyage fut bientôt terminé. Le prisonnier qui tirait le chariot en souleva une extrémité, et nous flanqua toutes par terre en un amas de corps raidis. Je me dégageai et me relevai malgré la douleur. Nous étions rassemblées dans un énorme hangar dont le sol était en terre battue. Il régnait là une confusion extrême. Celles d'entre nous qui avaient conscience de ce qui nous entourait étaient en proie à la panique. Des kapos s'affairaient en tous sens, insultant et frappant les gens apparemment au hasard. Ils nous forcèrent à nous mettre en rangs, et commencèrent par nous faire tondre par des prisonniers juifs, qui évitaient nos regards. Ils savaient où nous allions. Ils n'avaient pas le courage de nous parler. Leurs tondeuses émoussées m'arrachèrent à moitié les cheveux de la tête. Je les regardai tomber par terre. Avec un balai, un prisonnier léthargique rassemblait tous les cheveux coupés en une masse énorme et indistincte.

Au moins, ma mère était toujours auprès de moi. Elle était chauve aussi. Je lui lançai un bref regard. Mes yeux se voilèrent, et je me détournai.

Après la tonsure, il y avait une sélection. Certaines d'entre nous allaient être brûlées immédiatement, d'autres devraient attendre leur tour. À toutes les autres sélections, c'était ma mère qui avait été en danger, et moi qui étais sûre de passer.

Cette fois, elle se tenait devant moi pour tenter de camoufler mon infirmité. On l'envoya à droite. Puis vint mon tour. Malgré tous mes efforts pour paraître vigoureuse et sourire avec entrain, le médecin S.S. vit que je peinais à me tenir sur un seul pied, et il m'envoya à gauche.

Ma mère s'était attardée pour entendre quel serait mon sort. Lorsqu'elle entendit le verdict, elle fit volte-face pour m'étreindre. Nous nous accrochâmes l'une à l'autre en sanglotant. Qu'ils nous insultent donc et qu'ils nous frappent à mort. Peu importait. Nous nous étions maintenues l'une l'autre en vie pendant si longtemps. Nous avions déjà tant perdu. Pour nous, c'était la fin. Je disais adieu à ma mère. C'était une séparation insupportablement douloureuse. Nous étions chacune plus désolée pour l'autre que pour nous-mêmes.

Jusqu'à cet instant, j'avais nié la finalité de ce qui nous arrivait. Mais maintenant il n'y avait plus moyen de nier. Nous nous agrippions l'une à l'autre tandis que les gardiens hurlaient, puis qu'ils se précipitaient pour nous séparer de force. Ils poussèrent ma mère dans le petit groupe de celles qui allaient attendre d'être tuées plus tard, et me projetèrent parmi les prisonnières comateuses que nous appelions *Mussulmen,* désignées pour l'extermination immédiate, et qui avaient perdu tout espoir.

Nous échangions des derniers appels. « Courage, Maman », criai-je en allemand. « Essaie de rester en vie. »

À cet instant, une femme en tenue civile s'approcha de moi. J'appris par la suite qu'elle était la secrétaire du commandant en chef du camp. Elle avait apparemment assisté à nos adieux et nous avait entendues parler en allemand.

« C'est votre mère ? » me demanda-t-elle. Je répondis oui. « Horrible, dit-elle. Horrible.

— Que peut-il y avoir de plus horrible que la mort ? demandai-je.

— Non, c'est bien plus horrible », répondit-elle en s'éloignant vite. « Bien plus horrible. »

Je l'oubliai.

Maintenant, les kapos nous ordonnaient d'ôter nos vêtements et de les jeter sur un énorme tas. Brutalement, elles déshabillaient celles qui étaient trop faibles pour comprendre ou exécuter leur ordre. Ainsi dépouillée de mes cheveux, de mes vêtements et de ma mère, j'étais réduite au néant absolu. Tout ce qui me restait, c'était ma peau et mes os, et la virulente infection de ma jambe.

Les autres détenues qui m'entouraient, les *Mussulmen,* paraissaient déjà mortes. Elles avaient été affamées et maltraitées jusqu'à perdre conscience. Avec les cheveux rasés, leurs têtes ressemblaient à des crânes nus avec des yeux énormes figés avec indifférence sur leur destin.

Partout où je tournais les yeux, il n'y avait que des corps nus de femmes, tellement émaciées et ratatinées par les longues privations qu'elles n'avaient plus l'air de femmes – des mères, des épouses, des filles, des femmes qui avaient naguère fait l'amour, procréé, allaité leurs enfants, étaient maintenant réduites à une dérision d'humanité. Je fermai les yeux pour échapper à ce spectacle monstrueux, ce vaste emmêlement d'os à peine couverts de peau et de têtes chauves. Elles avaient la peau tendue, tachée de meurtrissures, de plaies et de morsures d'insectes. Seuls les yeux restaient humains, et même en quelque sorte plus qu'humains, à présent, en contraste avec tout le reste. Leurs yeux imploraient la pitié, suppliaient : « Maintenant, laissez-nous mourir en paix. »

Même en gardant les yeux bien fermés, je ne pouvais plus chasser cette vision. Elle transperçait mes paupières avec encore plus de force que lorsque j'avais eu les yeux ouverts.

Je n'éprouvais plus rien que chagrin et souffrance : la souffrance de ma jambe, la souffrance de mon estomac affamé depuis des mois, et le chagrin de mon cœur d'avoir dû quitter ma mère. Je serrais mes bras contre moi, en me tenant tant bien que mal en équilibre sur ma jambe valide.

Nous étions dans un immense hangar ; et il faisait chaud. J'avais froid depuis si longtemps que je reconnaissais à peine la sensation de chaleur. Je pouvais voir d'où provenait cette chaleur. À l'extrémité de l'entrepôt, il y avait d'énormes fourneaux. Entre les fourneaux et moi s'amassait une foule apathique de *Mussulmen.* Elles étaient complètement finies, sans la moindre étincelle d'espoir de vie. Elles allaient être mes dernières compagnes sur cette terre. Mais je n'étais pas comateuse. J'étais complètement consciente, même si je n'avais plus aucune pensée. Je pouvais voir les prisonniers de droit commun devant les gueules des fours crématoires, qui jetaient les *Mussulmen* dans le feu. Et elles étaient déjà tellement proches de l'état de mort qu'elles ne pouvaient plus se débattre. Les nazis ne se donnaient même pas la peine de les faire passer par la chambre à gaz avant de les brûler. Ils les faisaient jeter vivantes dans les fours, et les *Mussulmen* mouraient aussitôt dans la chaleur intense.

De plus en plus de victimes étaient poussées dans la salle, derrière moi, et j'étais donc poussée en avant, vers les fours. La seule façon de m'accrocher à la vie était de chercher à reculer, à m'éloigner des fournaises, en me glissant parmi les nouvelles venues. Je l'ai fait aussi longtemps que j'ai pu, mais ma jambe me faisait trop mal pour que je puisse continuer. Je tenais à peine debout, et la masse de ces corps nus squelettiques me poussait en avant, toujours, malgré mes efforts.

Maintenant que j'étais tout près, je pouvais voir les visages des prisonniers polonais qui jetaient au feu des corps vivants. Ils empoignaient les femmes n'importe comment et les flanquaient dedans tête la première. Quand une femme était trop grande pour entrer en entier dans le four, ils commençaient par brûler le haut du corps, et ensuite ils poussaient les pieds à l'intérieur. Il fallait un certain temps pour qu'un corps soit entièrement brûlé. C'était interminable, mais personne ne criait. Personne ne se débattait. Les victimes étaient indifférentes, des centaines de femmes réduites à l'apathie absolue par la maladie et la malnutrition, par le chagrin et l'épuisement, mais j'étais pleinement consciente, consciente de ma nudité, de la douleur de ma jambe, consciente de la chaleur du brasier devant moi. Puis, en voyant que mon tour était venu, je me suis figée. Je suis devenue inconsciente comme les autres, inconsciente comme la pierre. Je n'allais ni hurler ni me débattre quand ces mains brutales m'empoigneraient. Les brutes criminelles allaient me saisir et me jeter dans le four crématoire comme les autres, et je n'aurais même pas été capable d'ébaucher un geste pour leur rappeler que j'étais un être humain.

Mais là, ai-je entendu la Voix ? Était-ce un rêve ? À cet instant, alors que j'étais juste devant le four, une porte s'est ouverte au bout de la salle. C'était le commandant en chef du camp, un homme massif d'environ quarante-cinq ans, avec des cheveux châtain foncé et un torse couvert de médailles. Sa casquette étincelait d'insignes. Il se tenait là, très droit, avec deux brancardiers derrière lui, et il me désignait du doigt. Il ordonna d'une voix puissante : « Sortez cette fille de là. »

Au lieu de me brûler comme les autres, les prisonniers polonais me déposèrent sur la civière. Le commandant du camp leur ordonna de me transporter au *Krankenrevier,* sorte d'hôpital de campagne. Là, des prisonnières juives travaillant comme infirmières et aides-soignantes me nettoyèrent entièrement et pansèrent ma blessure. J'entendis quelqu'un dire : « Il faudra l'amputer. » Je ne comprenais pas ce qui se passait. Je ne pouvais penser qu'à ma mère. Où était-elle maintenant ?

La femme allemande qui m'avait parlé avant la sélection apparut, une chemise de nuit cramoisie à la main. « Enfilez ça », m'ordonna-t-elle. Elle me regarda bien en face : « J'ai demandé au commandant du camp de vous sauver. » Elle tourna les talons et sortit avant que j'aie pu la remercier ou la questionner sur ma mère.

À ce jour, le mystère reste absolu sur la cause de cette intervention. Et je n'ai jamais cessé de m'interroger sur cette question. S'ils n'en avaient pas tué tant d'autres, on pourrait dire que c'était un miracle.

Qu'est-ce que la secrétaire m'avait trouvé ? Est-ce parce que ma mère et moi parlions un allemand très pur ? Ou peut-être parce que j'étais l'une des rares personnes encore conscientes – jeune, et l'air relativement sain en dépit de ma jambe infectée. Comment avait-elle réussi à convaincre le commandant du camp ? Peut-être qu'il avait sur son bureau des photos de ses enfants, et que sa secrétaire lui a dit que je ressemblais à sa fille. Que pensait-il donc faire de moi ? Je n'ai que des questions, et aucune réponse.

Le commandant du camp donna des ordres pour qu'on m'opère. On me vêtit, telle une princesse, de cette chemise de nuit cramoisie, puis on me sortit de l'hôpital sur un brancard. À la porte se tenait le commandant. Il leva la main pour arrêter la civière et me regarda avec une étrange expression. Éprouvait-il de la pitié ? Son visage ne trahissait aucune émotion. « Je vous ai sauvée, dit-il froidement.

— Non », répliquai-je. Où ai-je trouvé l'effronterie, le courage, la confiance ou la foi ? Je fixai cet immonde assassin dans les yeux et lui demandai : « Où est ma mère ? Vous me l'avez enlevée. »

5

De l'hôpital de campagne à la barge en feu

Le commandant du camp me demanda seulement le nom de ma mère, sans que rien sur son visage trahisse sa réaction.

Il fit volte-face et regagna son bureau d'un air hautain, mais il dut donner à quelqu'un l'ordre de retrouver ma mère, car un kapo nota le nom sur un bout de papier et s'en alla, apparemment pour la chercher. Je me rappelais ce jour où nous avions été emmenées du ghetto de Kovno à Stutthof, et où j'avais dû courir d'une femme à l'autre pour essayer de reconnaître ma mère : je ne l'avais retrouvée que par hasard. Moi, sa propre fille, j'avais été incapable de la repérer dans cette immense foule de femmes abattues. Le kapo ne la connaissait pas, et il se fichait certainement bien de la retrouver ou non. Allait-il vraiment prendre la peine de la rechercher ? Qu'avait-il pour se guider ? Les noms ne signifiaient rien dans un camp de concentration. Mais j'imagine qu'il devait savoir approximativement où Maman avait été envoyée, puisqu'il savait à quel moment nous étions arrivées. Comment, me demandais-je, pourrait-il retrouver quelqu'un dans cette immense masse anonyme de femmes rasées, qui attendaient dans des baraquements leur tour d'être tuées ?

Ma jambe me faisait toujours horriblement mal, mais au moins j'étais propre, maintenant, et vêtue plus chaudement. La chemise de nuit cramoisie était un changement d'une douceur bienvenue, après les vêtements crasseux dans lesquels j'avais travaillé et dormi pendant des mois au camp de travail de Torun, et plus encore après l'humiliation d'en avoir été dépouillée ici, à Stutthof.

Les deux brancardiers me transportaient comme une sorte de princesse dans quelque monstrueux conte de fées. Des masses de femmes misérables étaient rassemblées dehors, promises à une mort cruelle. Quelque part au milieu de ces âmes meurtries, il y avait ma mère. Je m'inquiétais terriblement pour elle. La dernière fois qu'elle avait été séparée de moi, elle avait tenté de s'étrangler. Qu'allait-elle faire maintenant ?

Heureusement, elle n'était pas seule. Elle avait été jetée parmi des femmes qui l'avaient connue au ghetto de Kovno. Assises ensemble sous des arbres dénudés, sur le sol gelé, elles s'efforçaient de se réconforter mutuellement. Les autres femmes étaient habituées aux procédés de Stutthof, et le chagrin leur était familier aussi. Elles dirent à ma mère : « Trudi n'est plus de ce monde. Nul ne revient jamais des fours. Il faut vous consoler en songeant qu'au moins elle ne peut plus souffrir. Mais vous devez chercher à vivre, pour honorer sa mémoire. » Celles qui survivaient devaient toujours s'encourager entre elles pour se donner des raisons de survivre.

À ce moment-là, mon brancard traversait la section où se trouvait ma mère. Tout le monde regardait dans ma direction. Elle me vit, mais sans me reconnaître. Comment l'aurait-elle pu ? Elle m'avait quittée sale et affaiblie, chancelant dans un groupe de *Mussulmen* qui allaient être jetées dans les flammes, et voilà que maintenant j'étais propre, étendue sur une civière, et vêtue d'une chemise de nuit cramoisie, chaude et moelleuse. Il était inconcevable que sa fille, dont on venait à l'instant de lui dire qu'elle était sûrement morte, puisse maintenant apparaître, transportée comme une princesse à travers l'horreur du camp de concentration. Elle n'enregistra pas que j'étais bel et bien sa fille. Pour elle, c'était plus une sorte de rêve réalisant ses vœux qu'une réalité. Jamais personne n'avait été sauvé du four crématoire. Mais j'étais bien là, non seulement vivante, mais protégée par le commandant du camp.

Je reconnus ma mère et l'appelai : « Maman ! C'est moi ! » Les brancardiers s'arrêtèrent.

Ma mère m'entendit et s'écria d'une voix incrédule : « Trudi ! Tu es vivante ? » C'était comme un rêve. Ce qu'elle désirait le plus au monde se réalisait, on lui ramenait sa fille, et elle n'arrivait pas à y croire.

De la civière, je l'appelai encore : « C'est moi, ils ne m'ont pas tuée ! » Elle se dressa et tenta de se frayer un chemin dans la foule jusqu'à moi, malgré sa faiblesse. Je tendis les bras vers elle. Nos mains se touchèrent, et nos cœurs furent à nouveau réunis.

Le kapo chargé de retrouver ma mère pointa le doigt sur elle en criant : « Amenez cette femme à l'hôpital ! » Ma mère suivit donc le brancard. Soudain, l'espoir nous revenait de survivre toutes les deux.

Les kapos déposèrent ma civière à l'hôpital et transmirent l'ordre du commandant : il fallait opérer ma jambe. L'équipe médicale était constituée de Juifs lituaniens. Le Dr Kaplan, qui fut chargée de mon cas, était l'un des meilleurs chirurgiens de Kovno, et elle connaissait mon oncle Jakob et la famille de ma mère. Elle nous reconnut.

Elle examina ma blessure et déclara que le plus simple serait d'amputer au-dessous du genou, mais qu'elle pensait pouvoir sauver ma jambe. À ce moment-là, je m'attendais encore à mourir de l'infection, et je ne voyais pas pourquoi on faisait tant d'histoires pour sauver la jambe. Je me contentai d'opiner sans réagir.

Le médecin fit de son mieux, avec les moyens très limités dont elle disposait dans l'hôpital du camp de concentration, le *Krankenrevier.* Le service où l'on traitait les Juifs était distinct de celui des non-Juifs. Cela n'avait absolument rien d'un vrai hôpital. C'était un baraquement insalubre, sans confort ni chauffage, et terriblement surpeuplé.

Il n'y avait pas d'anesthésiques, juste quelque chose pour atténuer un peu la souffrance. Le Dr Kaplan tailla dans la chair infectée, et chaque coup de scalpel fut atroce. Nous serrions les dents toutes les deux : moi pour ne pas hurler, et elle pour continuer à travailler malgré la souffrance qu'elle m'infligeait. Lorsqu'elle eut enfin fini de nettoyer et de désinfecter la blessure aussi bien qu'elle le pouvait, elle me fit ramener dans la salle où nous dormions.

Une journée au moins s'écoula avant que je puisse voir où je me trouvais. Comme tous les autres malades, ma mère et moi dormions sur une sorte de châlit en bois – qu'on appelait *Britsche.* Nous nous trouvions privilégiées. D'habitude, on faisait partager ces plates-formes à quatre détenues, mais, en considération de notre statut favorisé, on nous en laissait une pour nous seules, ma mère et moi. Bien entendu, personne n'avait de draps, mais il y avait de vieilles couvertures militaires crasseuses, et nous recevions les mêmes rations de famine que les autres : une soupe aqueuse aux épluchures de pommes de terre avec des saletés dedans, et un peu de pain dur. Contrairement au camp de travail, où j'étais trop fatiguée pour m'ouvrir à qui que ce fût en dehors de ma mère, au *Krankenrevier,* malgré mes souffrances, je me suis liée d'amitié avec d'autres malades.

Après quelques jours de repos à l'hôpital, je vis le commandant du camp entrer dans la salle commune et se précipiter vers notre châlit. D'une voix dure et cruelle, il m'ordonna : « Debout et au bureau ! C'est un ordre ! »

Et il cria à ma mère : « Debout ! Allez récurer le plancher ! » Il montrait du doigt le corridor. Aussi vite qu'elle le put, ma mère se leva, et il vit qu'elle était vêtue de haillons crasseux. Il ordonna à une kapo : « Apportez-leur des vêtements de travail, vite. »

Je ne m'étais pas encore levée. Il se tourna à nouveau vers moi, et hurla : « Hors d'ici !

— Je ne peux pas marcher », protestai-je. La seule fois que je m'étais levée, c'était pour aller aux latrines, et je n'y étais parvenue qu'avec le soutien de ma mère à chaque pas. C'était atrocement douloureux.

« Hors du lit ! » cria-t-il, et je dus obéir, malgré la douleur. Je n'arrivais pas à imaginer ce qu'il me voulait.

Il regarda mes pieds. J'avais une socque

en bois au pied de ma jambe indemne. Il donna un nouvel ordre aux kapos : « Apportez-lui des chaussures ! » Et il sortit.

En très peu de temps, les kapos revinrent avec des vêtements dans un état un peu meilleur pour ma mère et moi, et une paire de vieilles galoches militaires. Nous nous habillâmes le plus vite possible. Enfiler cette grosse chaussure lourde et rigide sur ma jambe blessée était une torture, mais je savais que je n'avais pas le choix. Le commandant du camp revint et hurla : « Pourquoi n'êtes-vous pas dans le bureau ?

— Je ne peux pas marcher !

— C'est un ordre. »

Il n'y avait pas de discussion possible. Je me hâtai de boiter jusqu'au bureau, malgré l'horrible souffrance, en sautillant sur ma jambe intacte.

Le commandant du camp me suivit. Il me fit asseoir à une table et me tendit une liste de noms : « Copiez cette liste. Si quelqu'un vous demande ce que vous faites, répondez : "travail administratif". »

La liste contenait les noms des détenues mortes la veille. Elle était très longue. Par la fenêtre, je pouvais voir les cadavres entassés, et je reconnus quelques-unes de mes amies du *Krankenrevier*.

Je compris vite pourquoi le commandant du camp nous avait mises au travail, ma mère et moi. Une délégation d'officiers supérieurs S.S. venait d'arriver à Stutthof. En quelques minutes, ils pénétrèrent dans l'hôpital avec une lueur meurtrière dans les yeux. Ils étaient parmi les assassins les plus effroyables de l'armée allemande, dans leurs uniformes immaculés et chamarrés de rubans et de médailles, terrifiants avec leurs poignards et leurs cravaches, leurs bottes et leurs ceinturons de cuir noir.

Dans le baraquement de l'hôpital, les officiers nazis organisèrent pour s'amuser une petite sélection privée. Ils firent déshabiller toutes les malades pour qu'elles paradent nues devant eux, comme des mannequins dans un défilé de mode. Ils les examinaient attentivement en échangeant des plaisanteries immondes, et décidaient lesquelles étaient aptes au travail et lesquelles seraient violées. Ils se divertissaient de l'embarras de ces malheureuses femmes, et lorsqu'elles étaient trop maigres ou trop frêles pour leur goût, ils s'amusaient à prononcer les mots redoutés : « *ins Krematorium !* »

Ils virent ma mère dans le couloir, avec un seau et une serpillière, qui lavait le sol comme si c'était son métier normal (elle avait eu beaucoup d'entraînement à l'hôpital militaire, au ghetto de Kovno), et ils l'ignorèrent. Ils m'ignorèrent aussi, plongée dans mon travail administratif. Je ne pouvais pas voir ce qui se passait dans le baraquement, mais ma mère me le raconta par la suite.

Le cœur brisé, ma mère frottait le sol pendant que les officiers faisaient défiler les femmes nues. Ils en expédièrent beaucoup à la chambre à gaz, pendant cette sélection.

Les officiers S.S. étaient à peine partis que ma mère et moi avons été renvoyées à notre châlit, et les kapos ont repris nos vêtements de travail. La règle du camp, c'était que les femmes pouvaient rester sept jours à l'hôpital. Si elles guérissaient, elles étaient renvoyées dans un camp de travail. Sinon, c'était la chambre à gaz. Sans la protection du commandant du camp, j'aurais été envoyée à la chambre à gaz. Ils décimaient constamment les rangs des malades, mais nous n'avons plus jamais subi d'inspection des officiers supérieurs et, sans avoir à nous déguiser encore en travailleuses, le commandant a pu faire en sorte que ni ma mère ni moi ne soyons éliminées.

La première opération de ma jambe infectée n'avait que partiellement réussi, et il fallut rouvrir la plaie pour nettoyer le pus. Je ne sais pas comment j'ai pu survivre à l'intensité de la souffrance. Ma jambe était inerte et tordue, et pendant longtemps, même après la guerre, je ne pouvais encore pas la tendre complètement.

En plus des sélections hebdomadaires, les officiers de rang inférieur procédaient parfois à une inspection surprise. Il y avait des filles à l'hôpital qui avaient assez de force pour se tenir debout, et elles faisaient le guet. Quand elles entendaient les officiers approcher, elles criaient « *Sechs !* » (six). Les officiers entraient, solides et bien nourris, propres et chaudement vêtus, arrogants et malveillants. Ils passaient de châlit en châlit, soulevant les couvertures du bout de leur badine pour regarder nos corps. Nous essayions toutes de sourire et d'avoir l'air joyeux, pour prouver que nous allions bien. Si l'envie leur en prenait, ils pouvaient envoyer qui ils voulaient dans les chambres à gaz.

Quelquefois, je me demande pourquoi ils prenaient la peine d'avoir un hôpital pour les malades. Toute l'idée des camps de concentration, c'était de tuer les Juifs, alors pourquoi les garder en vie ? Je suis convaincue que c'était parce qu'ils voulaient nous faire souffrir le plus possible. Ils ne voulaient pas seulement nous faire mourir, ils voulaient nous torturer, nous briser. On voyait sur leurs visages qu'ils prenaient plaisir à nous voir souffrir. Ils faisaient tout ce qu'ils pouvaient pour nous rendre la vie aussi douloureuse que possible. C'est pour cela qu'ils nous affamaient, pour nous faire durer le plus longtemps possible avant que la faim ne nous terrasse.

Je voudrais que jamais personne n'oublie l'absolue cruauté des camps. Ce n'étaient pas juste des usines de la mort, impersonnelles, où les gens étaient expédiés dans les chambres à gaz et les fours crématoires comme je ne sais quels produits macabres. C'étaient des endroits où des criminels ignobles et sadiques pouvaient accomplir leurs fantasmes les plus cruels et les plus monstrueux sur d'innocentes victimes. Si une épidémie venait accroître nos souffrances, ils s'en réjouissaient, mais ils entretenaient un semblant d'hôpital et de soins médicaux pour aggraver encore nos souffrances, en nous rappelant à quoi pouvait normalement prétendre un être humain.

De temps en temps, un kapo entrait dans le baraquement de l'hôpital et couchait avec l'une des femmes, sans la moindre honte, devant tout le monde. Je me souviens d'y avoir assisté, et de n'avoir pas bien compris ce qu'il lui faisait. Mais je remarquais qu'elles avaient une meilleure couverture sur leur châlit. La fille recevait sans doute un sandwich ou un bout de saucisse pour ses faveurs sexuelles. Nous avions tellement faim, tout le temps, qu'un petit supplément de nourriture semblait un trésor colossal. Mais, de toute façon, elle n'avait évidemment pas le choix. Si elle ne consentait pas, elle serait tuée. Je me rappelle aussi qu'une femme du baraquement hospitalier avait eu un bébé, mais que les kapos l'avaient pris pour le tuer.

Couchées sur notre châlit en bois, ma mère et moi parlions ensemble pendant des heures. Nous parlions du passé, des jours heureux à Francfort, avant l'arrivée au pouvoir des nazis, et nous évoquions les gens merveilleux qui avaient disparu : mon cher père, mon oncle Benno. Nous nous demandions si les Russes avaient atteint le ghetto de Kovno à temps pour sauver les parents de ma mère et son frère Jakob. Et puis ma mère s'inquiétait terriblement pour mon frère Manfred, que nous n'avions pas revu depuis que les nazis nous avaient embarquées dans le train pour Stutthof. Où l'avaient-ils emmené ? Arrivait-il à survivre ? Le reverrions-nous un jour ?

Je faisais toujours de mon mieux pour nous inventer un avenir heureux. J'inventais un pays de bonheur que j'appelais la Terre d'Israël, où nous vivrions dans le confort et la sécurité. J'imaginais toute la nourriture que nous mangerions là-bas, des fruits fondants et du bon pain beurré. Plus que tout, j'étais possédée du désir de boire une tasse de chocolat chaud.

À l'hôpital, nous nous sommes liées d'amitié avec plusieurs femmes. Il n'y avait presque rien à manger, mais au moins nous n'avions pas à travailler comme des esclaves et à creuser des tranchées dans la terre gelée. Toute la journée nous vivions dans une tension terrible, parce que nous ne savions jamais qui risquait d'attirer l'attention et d'être envoyée à la mort. Mais des rumeurs nous parvenaient concernant la défaite des Allemands, et c'était encourageant. Nous nous demandions quand on viendrait enfin nous sauver, et pourquoi c'était si long.

Le commandant du camp venait une ou deux fois par jour me regarder à travers un judas. Mais plus jamais il n'est entré, ni ne m'a adressé la parole. Il se contentait de me regarder. Apparemment, il voulait voir si j'étais toujours en vie. C'était avant l'épidémie de typhus, bien sûr.

Le typhus ne se soigne pas vraiment : ou bien on s'en remet, ou bien on en meurt. C'est la vermine qui le transmet, et les gens faibles et affamés y sont particulièrement vulnérables. Un camp de concentration est l'environnement idéal pour une épidémie de typhus. Les gens en mouraient constamment. Lorsque l'épidémie s'est déclarée, les Allemands ont placé tous les gens qui l'avaient attrapé dans un baraquement, où eux-mêmes ne mettaient jamais les pieds.

Avec le temps, ma jambe commençait à aller mieux, mais elle était encore trop faible pour me porter. Pendant ce temps, les choses changeaient dans le camp.

Après janvier 1945, ils ont cessé d'utiliser la chambre à gaz. Si nous ne mourions plus toutes seules, les nazis n'allaient plus nous traiter dans leur usine de mort. Évidemment, nous étions toutes tellement faibles, affamées et malades qu'il en mourait beaucoup tous les jours sans l'aide du gaz mortel. La chambre à gaz n'était peut-être plus utilisée, mais le four crématoire fonctionnait sans relâche.

Autour de ma mère et de moi, il mourait chaque jour des quantités de femmes. D'abord, elles devenaient *Mussulmen*. Leurs bras et leurs jambes devenaient très maigres, et leur abdomen gonflait. Ce qui me hante encore, c'est le souvenir de leurs yeux vitreux. Les médecins qui s'occupaient de nous étaient des esclaves juifs comme nous. Ils faisaient ce qu'ils pouvaient. Il n'y avait pratiquement aucun médicament ni matériel médical, pas de pansements ni de désinfectants, ni même de literie. Le personnel juif était étroitement surveillé par les Allemands. Mais quel qu'ait pu être le manque de matériel, le personnel n'avait pas le droit de nous traiter correctement. S'ils s'y hasardaient, ils s'attiraient des ennuis. Globalement, il n'y avait rien pour soigner les malades. Quelques personnes ont eu la chance de survivre, mais la vaste majorité dépérissait et mourait.

Au début de 1945, les Russes ont commencé à bombarder le camp, sporadiquement. Et le commandant du camp a disparu. Je ne saurai jamais quel sort il me réservait. J'ai entendu dire qu'il s'était enfui, et j'ignore s'il a été capturé et jugé après la guerre. Mais je l'espère. J'espère qu'il a été exécuté pour ses crimes. Il aurait dû être pendu cent fois. J'aurais certainement témoigné contre lui si je l'avais pu. Un caprice de sa nature immonde l'a amené à nous sauver, ma mère et moi, mais il s'est rendu coupable de dizaines de milliers de meurtres, et cet unique geste de pitié ne fait que rendre ses autres crimes encore plus monstrueux.

Les premières évacuations de Stutthof ont eu lieu à la fin de janvier. Pendant les derniers mois de la guerre, l'empire des camps de concentration nazis a commencé à se démanteler. Ils voulaient apparemment détruire les preuves. En longues files interminables, ils ont emmené tous les prisonniers capables de marcher, environ vingt-cinq mille personnes – ce furent les abominables marches de la mort. De nombreux détenus ont été abattus pour s'être écroulés en route vers d'autres camps de concentration situés en Allemagne, où les nazis les emmenaient, et d'autres mouraient d'épuisement, de faim et de froid. De ceux qui ont survécu à cette marche, beaucoup ont été tués en parvenant à leur destination.

Une dizaine de milliers de détenus, parmi lesquels ma mère et moi, ont été abandonnés à Stutthof ; ceux qui étaient trop malades ou trop faibles pour partir à pied. C'est à ce moment-là que ma mère a attrapé le typhus. On l'a placée dans une autre section du baraquement hospitalier, avec une trentaine de femmes atteintes du même mal. C'était en endroit séparé, mais pas vraiment en quarantaine. Les Allemands se fichaient bien que nous y allions, que nous attrapions le typhus et que nous contaminions tous les autres Juifs.

L'hôpital avait un long vestibule, avec de grandes salles de part et d'autre. Il y avait aussi des malades dans les corridors. Il y séjournait en moyenne une centaine de malades, mais jamais les mêmes. Lorsque ma mère a été évacuée vers la salle du typhus, j'ai été reléguée dans le vestibule, où il y avait six châlits en bois, trois de chaque côté, avec deux malades sur chacun. C'était la première fois que je devais partager ma couche avec une inconnue depuis que ma mère et moi avions quitté le ghetto de Kovno.

Les gens mouraient du typhus à un rythme incroyable. Le camp était en déroute. Le four crématoire ne pouvait plus faire face à la profusion de cadavres, et il a fallu construire un énorme bûcher pour brûler les excédents. Une épaisse fumée emplissait l'air jour et nuit, avec une obsédante odeur de chair brûlée. Pendant ce temps, les Russes continuaient à bombarder le camp sporadiquement, mais ils n'arrivaient toujours pas.

Je passais mes journées étendue sur un châlit dans le vieux baraquement hospitalier. Les inspections et les sélections avaient cessé, et les Allemands nous laissaient plus ou moins tranquilles. Dans le désordre qui régnait, j'arrivais à me traîner jusqu'à la section de quarantaine pour voir comment allait ma mère. Ma jambe me faisait toujours terriblement mal quand je la bougeais, mais ma mère me manquait trop pour que je reste dans mon coin. Généralement, je faisais ces visites en fin de journée, après la distribution des rations de soupe, car personne ne quittait jamais sa place avant la soupe. Nous attendions sur nos châlits l'écuelle de soupe aqueuse comme si c'était un don du ciel. Si on la ratait, l'occasion ne se représenterait pas, et c'était la seule nourriture que nous recevions.

Un matin, je me suis réveillée en sursaut comme si quelqu'un m'avait enfoncé un clou dans la cuisse, terriblement inquiète pour ma mère. Une voix, et je me dis parfois que ce devait être la voix de

Dieu, criait dans ma tête : « Va vite voir comment elle va ! »

Au risque de rater ma soupe, la voix était si impérieuse que j'obtempérai. C'était dans la froidure matinale que ma jambe me faisait le plus mal, mais je ne pouvais pas me laisser retenir par la souffrance. Je quittai mon châlit et boitai jusqu'à la section de quarantaine aussi vite que je pus. J'avais peur que ma mère ne soit morte. Je me précipitai vers son châlit, et elle me vit. Je lui demandai : « As-tu bien dormi ?

— Oui, Dieu merci », répondit-elle très faiblement. Quel soulagement ! Elle ne délirait pas de fièvre. Peut-être survivrait-elle.

Juste à cet instant, une bombe russe tomba sur l'hôpital. À lui seul, le bruit de l'explosion me renversa. Lorsque j'ai réussi à me relever, j'ai vu du sang sous le lit de ma mère. Nous nous sommes aussitôt tâtées pour voir si nous étions blessées. Non, nous étions intactes. Puis nous avons vu que des éclats avaient tué des malades au bout de la salle. Les gens hurlaient de douleur et d'effroi. Une grosse fumée provenait du couloir où j'avais été couchée quelques instants plus tôt. Je suis retournée à ma place – il n'y avait plus rien. C'est là que la bombe était tombée, et toutes mes compagnes étaient mortes. Les éclats avaient tué tout le monde.

Incroyablement, ma mère a guéri du typhus. Je ne comprends pas comment elle a réussi. Une fois la fièvre tombée, elle a failli mourir d'inanition. Il n'y avait rien à manger dans le camp, et il est notoire qu'après cette maladie on a une faim colossale. Une faim telle qu'on en devient fou. On est prêt à dévorer n'importe quoi : la terre, l'herbe, les saletés, les plantes – tout ce qu'on peut arriver à mettre dans sa bouche. Quels qu'aient pu être les besoins des malades du typhus, personne ne tentait seulement de leur faire attribuer autre chose à manger que la misérable soupe, ne fût-ce même qu'un peu d'eau à boire. Il n'y avait plus de médecins.

Après avoir emmené la plupart des

détenus à la fin de janvier 1945, les officiers supérieurs allemands ont aussi abandonné le camp, et nous sommes restées avec très peu de gardiens. Nous n'avions bien sûr aucun moyen de nous révolter ou de nous enfuir. Nous étions toutes bien trop malades pour pouvoir marcher plus de quelques pas, sans quoi nous aurions été emmenées avec les autres détenus. Les kapos ne se comportaient plus tout à fait aussi sauvagement qu'avant. Il y avait moins de tortures et de meurtres injustifiés. Nous savions que l'Armée rouge allait arriver. Nous pouvions sentir qu'il se préparait un grand événement, mais personne ne faisait un geste pour nous sauver. Nous nous demandions où avait disparu le monde entier ? Comment des êtres humains pouvaient-ils laisser commettre ces crimes ?

Maintenant que les Russes approchaient, le camp semblait prêt à sombrer dans le chaos. Nous recevions toujours un peu de nourriture chaque jour, mais sans jamais savoir à quel moment ce serait. Finalement, à la fin d'avril, ils ont entamé l'évacuation finale du camp de Stutthof. Alors que nous étions si faibles, ils nous ont fait longer la côte à pied, sans rien nous donner à manger. Six heures de marche, dans la panique et le désordre. Les gardiens criaient : « *Schnell ! Schnell* ! » (Vite ! Vite !). La marche me faisait terriblement mal, car ma jambe malade pouvait à peine soutenir mon corps chétif, mais je devais marcher toute seule. J'avançais en me mordant les lèvres. Maman était trop affaiblie par le typhus. En fait, je craignais que l'effort ne la tue d'un instant à l'autre. La rédemption finirait sûrement par arriver, mais nous risquions de rendre l'âme avant.

Nous longions la côte balte. Un vent de mer glacial nous transperçait jusqu'à l'os. Enfin, nous avons vu les trois grandes barges à bétail qu'ils nous destinaient. Après une longue attente dans un désordre total, les gardiens nous ont chargées sur ces barges. C'étaient d'assez grosses embarcations aux soutes profondes, et sans aucun bastingage autour de l'étroit pont. Une échelle de fer menait aux soutes. Ils nous ont fait descendre, une centaine de femmes, et nous ont forcées à nous coucher sur de la paille souillée.

Les bateaux ont pris la mer, sans que nous ayons la moindre idée de leur direction. Nous n'entendions que le grondement des machines et le choc des vagues contre les flancs. Quand il pleuvait, la pluie tombait sur nous et mouillait la paille. Quand la mer était agitée, les barges tanguaient si violemment que nous étions sûres de couler. Beaucoup de femmes avaient le mal de mer, et nous étions toutes pétrifiées. Couchées sur la paille sale et trempée, nous avions les yeux fixés sur le panneau, jour et nuit, en priant pour que la guerre finisse avant que nous ne mourions.

Des femmes mouraient. On ne nous donnait rien à manger, ni même à boire. Nous étions réduites à boire le liquide sale, mélange de pluie et d'eau de mer, qui stagnait au fond de la soute, sous la paille. Et nous mâchonnions cette paille comme des bêtes, pour tromper notre estomac. De temps en temps, les hommes d'équipage allemands passaient la tête dans le panneau pour nous insulter et souhaiter moqueusement notre mort.

En plus des Allemands qui commandaient à bord, il y avait sur la paille avec nous des prisonniers polonais et ukrainiens, les criminels qui avaient effectué toutes les tâches matérielles à Stutthof. Entre nous, nous les appelions les hommes des cavernes. C'étaient des barbares, et ils nous terrorisaient. Leur principale tâche consistait à jeter les cadavres par-dessus bord.

Je me suis souvent demandé pourquoi les Allemands ne se contentaient pas de jeter tout le monde à la mer, tout de suite, puisque de toute façon ils avaient l'intention de nous tuer. Là encore, je pense que c'est parce qu'ils voulaient nous faire souffrir le plus atrocement possible jusqu'à l'extrême fin. Souvent, ils n'attendaient même pas qu'une femme soit morte. Ils jetaient à l'eau les plus âgées et les plus malades, juste pour s'en débarrasser. Comme j'avais peur qu'ils ne remarquent ma mère et ne la jettent aussi par-dessus bord, j'étais couchée sur elle et je la dissimulais dans la paille. Et puis cela nous tenait chaud.

L'équipage allemand n'avait pas de nourriture fraîche, mais ils avaient du pain en conserve. Quelquefois, sur un coup de tête, l'un d'eux nous en donnait un peu. Un jour, un homme d'équipage m'a repérée et m'a jeté une petite boîte de pain – de 150 grammes seulement. Les autres femmes s'en sont aperçues et se sont jetées sur moi pour essayer de s'en emparer, mais le matelot a crié : « C'est pour la gamine. » Je me cramponnais farouchement à ma boîte et j'ai réussi à la garder, mais je n'avais aucun moyen de l'ouvrir. J'ai farfouillé dans la paille jusqu'à ce que je trouve un clou. Et j'avais tellement faim que ça m'était bien égal de me couper les mains sur la boîte de conserve, pourvu que je puisse en extirper un peu de pain pour ma mère et pour moi.

Je m'efforçais de garder la boîte hors de vue tout en me démenant pour l'ouvrir, mais les autres me tenaient à l'œil. À peine étais-je parvenue à l'ouvrir qu'elles se sont à nouveau jetées sur moi et qu'elles ont failli me tuer pour m'arracher le pain. J'ai tout de même pu en prendre un peu pour ma mère et moi avant qu'elles ne me dépouillent de la boîte. Nous avions tellement faim que nous nous conduisions comme des bêtes. Nous nous serions entre-tuées pour de la nourriture.

À mesure que le temps passait, la situation s'aggravait. Je ne sais pas où notre équipage cherchait à nous emmener. Au début de mai, la côte balte était presque entièrement aux mains des Alliés (ce que nous ignorions bien évidemment, au fond de notre soute). Nous entendions vrombir les bombardiers anglais, mais sans l'accompagnement strident des chasseurs de la Luftwaffe. C'était le signe manifeste que la fin de la guerre était en vue.

Le voyage s'éternisa pendant dix jours. Puis, le 4 mai – pratiquement le dernier jour de la guerre –, une bombe britannique explosa à proximité de notre barge et l'endommagea. Heureusement, elle ne nous atteignit pas directement, mais un incendie se déclara à bord, et une voie d'eau commença à faire sombrer l'arrière. La panique s'empara de nous tous, mais presque personne n'avait la force de bouger.

Je fus la première à réagir, instinctivement, comme un cheval dans une grange en feu. Je me dressai d'un bond en entraînant ma mère, et m'élançai sur l'échelle métallique. Je l'atteignis en premier, avec ma mère sur mes talons. L'échelle était très chaude. Je grimpai rapidement sur le pont et me retournai pour hisser ma mère. Les autres prisonniers, y compris les criminels polonais et ukrainiens, s'étaient mis en branle à présent. Ils grouillaient autour de l'échelle et, en proie à une terreur hystérique, ils retenaient ma mère par les pieds tandis que je la tirais par les bras. Heureusement, elle portait des socques en bois, des *Klumpes*, qui leur sont restées entre les mains. Je lui ai fait gravir les échelons, et nous nous sommes précipitées toutes les deux vers l'endroit le plus élevé du pont, tout près du bord.

C'était la première fois que je voyais la mer. Il fallut un certain temps à mes yeux pour s'accoutumer à la lumière et à l'ampleur de l'horizon. C'était une belle journée. On voyait d'autres bateaux et des barges de prisonniers, dont certains avaient également été touchés par les bombes. On apercevait aussi des navires de guerre britanniques, qui approchaient. Les bâtiments allemands avaient hissé le pavillon blanc. Ils se rendaient. C'étaient les drapeaux de la paix. Je pressai ma mère sur mon cœur. La guerre était finie. Nous étions encore en vie.

Pendant ce temps, toutefois, notre barge flambait et coulait. De plus en plus de prisonnières survivantes de Stutthof émergeaient de la soute, escaladant l'échelle brûlante. Le pont étroit était bondé, maintenant, et tout le monde se bousculait vers l'avant qui se dressait au-dessus de l'eau. Quel spectacle ce devait être, cette masse de femmes émaciées, en haillons, ne pesant presque plus rien.

Pour je ne sais quelle raison, c'était le cuisinier allemand qui dirigeait les opérations et qui donnait des ordres à tout le monde. Il ne semblait pratiquement plus rester d'autres Allemands à bord. Je ne sais pas ce qu'ils étaient devenus. Le cuisinier se tenait sur le bord du pont, assez près de moi, et s'efforçait d'imposer un peu d'ordre. Il était enveloppé d'une couverture, et cela avait quelque chose d'étrange. Une tache rouge sombre s'élargissait rapidement, et je m'en étonnais, jusqu'au moment où je me suis rendu compte qu'il était blessé. À ses pieds, des gouttes de sang éclaboussaient le pont.

En proie à la panique, il regardait autour de lui, en quête d'inspiration pour sauver l'embarcation. Soudain, il hurla : « Le navire est trop chargé ! Les Juifs à la mer ! » Il voulait alléger la charge. Pendant un instant, personne ne bougea. En regardant autour de moi sur le pont, je voyais plein de choses lourdes qu'ils auraient pu jeter par-dessus bord : des grosses caisses de munitions, des machines, et même une bicyclette. Pourquoi les Juifs ?

Il cria une nouvelle fois, d'une voix

hystérique : « Les Juifs à la mer ! » Les prisonniers polonais et ukrainiens se mirent en mouvement pour exécuter l'ordre. Ils commencèrent à nous repousser vers le bord du pont. C'était impossible. Ce devait être une erreur. La marine britannique était en vue, les Allemands avaient hissé le pavillon blanc, et pourtant ils nous jetaient dans la mer glacée ! N'avions-nous survécu à tant d'épreuves que pour finir ainsi ? Même prises ensemble, nous ne pesions sûrement pas assez lourd, à trente survivantes, pour faire la moindre différence sur cette barge qui sombrait.

Tout se passait très lentement. Un vaisseau britannique se rapprochait, mais cela n'empêchait pas les prisonniers polonais et ukrainiens de nous repousser vers l'extrême bord. Et comme il n'y avait pas de bastingage, nous allions tomber l'une après l'autre, si personne ne les arrêtait. De toutes leurs forces, les femmes essayaient de tenir bon, mais elles étaient si légères et si frêles qu'elles ne pouvaient rien faire. C'était moi qui me trouvais le plus près de l'eau, puisque j'avais été la première à sortir de la soute. J'étais maintenant à l'extrême bord, et je m'arcboutais contre les femmes derrière moi pour ne pas tomber à la mer. À mes pieds, je voyais l'eau limpide et glacée. Si j'y tombais, je mourrais. Le vent me cinglait le visage ; le navire britannique avançait vers nous, mais si lentement qu'il semblait ne jamais devoir arriver.

D'où me vinrent la force et l'inspiration ? Je me souvins des récits de mon père, où des martyrs mouraient en louant Dieu et Israël. Je n'allais pas mourir sans en appeler une dernière fois à Dieu. Il avait laissé se produire de terribles tragédies. Il semblait s'être absenté depuis des années. Mais peut-être m'entendrait-Il en ce moment final. Je levai les mains d'un geste théâtral et criai de toutes mes forces : « Écoute, ô Israël ! » Mais je voulais dire : « Écoute-moi, mon Dieu ! » Je n'étais qu'une petite fille réduite à la peau sur les os. Où ai-je trouvé la force de hurler ?

J'avais bien besoin de toute cette force-là pour empêcher qu'on ne me jette à l'eau. Je résistais à la pression qui venait de derrière moi, mais c'était sans espoir. Je me sentais poussée vers l'extrême bord, et je repoussais de toutes mes forces en sens inverse, malgré ma mauvaise jambe. Dans un instant j'allais basculer par-dessus bord et tomber à la mer. Elle m'attendait. Je sentais sur mon visage le picotement glacé de l'écume. J'avais encore les bras levés et je m'appuyais de tout mon poids sur les femmes derrière moi. En même temps, je faisais durer le plus longtemps possible la dernière syllabe de la prière, au souvenir de l'histoire que mon père m'avait racontée sur Rabbi Akiba, qui avait été torturé à mort par les Romains et qui criait la Shema de cette même façon au moment où son âme avait quitté son corps.

« Qu'est-ce que c'est ! »

Brusquement, le cuisinier allemand qui donnait les ordres arrêta tout. « Qu'est-ce que tu cries ?

— Je prie mon Dieu, répondis-je fièrement.

— Ton Dieu, tu peux l'oublier. Dans un instant, tu seras au fond de l'eau glacée et les poissons te mangeront.

— Non, justement », le défiai-je en allemand, criant toujours. « Dieu m'a sauvée jusqu'à maintenant, ce n'est pas pour me laisser mourir à la dernière minute. C'est vous, les Allemands, qui allez mourir dans l'eau glacée, pas nous les Juifs. » Je pointai le doigt vers l'eau. « Vous avez perdu la guerre, vous savez ? Et maintenant les Anglais viennent vous chercher. » Je montrai du doigt le vaisseau de guerre britannique qui s'avançait, assez proche à présent pour qu'on voie les marins sur le pont.

Quelque chose le convainquit de céder. Il cria : « Les Juifs restent à bord ! » Et il ordonna aux prisonniers polonais et ukrainiens de cesser de nous pousser. Et c'est ainsi qu'aucune des trente survivantes ne fut jetée à la mer. Ma prière et mon assurance l'avaient arrêté net, et maintenant il avait changé d'avis.

Peut-être était-ce aussi son état d'esprit. Il devait sentir qu'il allait mourir de sa blessure. Quoi qu'il en fût, il décida d'attendre l'arrivée des Britanniques. Nous nous reculâmes, pour nous éloigner du bord. Puis je plongeai à nouveau mon regard dans les vagues limpides. Elles étaient si propres et si belles, mais elles portaient la mort en elles. J'avais encore peine à croire que je n'allais pas être jetée à la mer.

Le cuisinier se tenait près de moi, à l'extrémité du pont. « Fillette », dit-il. Je le regardai dans les yeux. « Tu m'as impressionnée. » Il se dépouilla de sa couverture tachée de sang et me la tendit. « Réchauffe-toi. »

Jusqu'à cet instant, je n'avais pas senti à quel point j'avais froid. Ma mère et moi nous recroquevillâmes sous la couverture ensanglantée, et le cuisinier s'évanouit, épuisé d'avoir perdu tant de sang.

6

La libération

Un groupe étrange et disparate était agglutiné sur le pont incliné du bateau en feu qui sombrait, en cet après-midi du début de mai 1945, frissonnant dans le froid à l'approche du soir ; huit hommes d'équipage allemands, dont plusieurs étaient blessés ; quatre criminels polonais et ukrainiens ; et une trentaine de survivantes juives, d'une extrême maigreur et dans un état d'épuisement effrayant à voir. Le navire britannique approchait avec méfiance, ses canons braqués sur nous, s'attendant peut-être à une sinistre ruse allemande sous couvert des pavillons blancs de reddition.

Enfin le navire britannique accosta, nous dominant de très haut. Par haut-parleur, dans un allemand à forte intonation anglaise, on nous ordonna à tous de lever les bras. Un marin lança un filin d'abordage, et l'interprète ordonna à un autre homme du bord de faire vite. Ils eurent bientôt fixé une échelle de corde, et il fallut grimper. C'était extrêmement difficile. La distance entre les deux bateaux était considérable, mais savoir que les Allemands avaient enfin perdu la guerre nous donna l'énergie d'y arriver. D'ailleurs, si nous ne le faisions pas nous-mêmes, qui allait nous aider ?

Tout se déroula dans le calme. Les marins britanniques travaillaient vite et efficacement. Ils nous aidèrent avec vigueur, mais sans un sourire. Peut-être est-il difficile de sourire à des gens ayant l'aspect que nous avions.

À leur bord, ils n'ont pas séparé les Juives des Allemands. Nous nous retrouvions donc soudain mêlées à nos ennemis et anciens tortionnaires, en attendant nos gobelets de thé anglais bien chaud, avec du sucre et du lait. Toutes faibles et épuisées que nous étions, nous avons aussitôt commencé à nous battre pour être servies en premier. Nous avions été tellement avilies par les mauvais traitements que nous ne pouvions plus nous conduire en êtres civilisés.

Les marins britanniques transportèrent le cuisinier allemand à bord, mais il mourut très vite de ses blessures et fut jeté à la mer sans cérémonie. Si bien qu'en dépit de ses ordres ce fut lui, et non les quelques Juives survivantes, qui se retrouva dans l'eau glacée. Je ne lui ai donc jamais rendu sa couverture. Mais je l'ai conservée et je l'ai toujours, symbole de ma prière exaucée.

Les marins britanniques avaient pitié de nous et voulaient nous gaver de nourriture, mais le médecin du bord les en a empêchés. Il leur a interdit de nous donner autre chose que des petites portions de soupe et de pain, et nous a ainsi sauvées de notre faim terrible et de leur bonne volonté. Il y avait si longtemps que nous n'avions eu une alimentation convenable en quantités normales, que nous aurions facilement pu nous tuer en mangeant trop.

La nuit était tombée lorsqu'ils nous ont débarquées à Kiel et nous ont conduites dans un dortoir d'école. Impossible de contrôler les plus jeunes d'entre nous. Nous avions une énergie fébrile, et nous nous sommes précipitées dans l'escalier pour envahir la cuisine, où nous avons commencé à engloutir tout ce que nous pouvions trouver. Je me souviens d'avoir déniché de la levure chimique dans un placard et d'avoir été tentée de la dévorer. Heureusement, j'ai résisté à la tentation.

Chez beaucoup d'entre nous, y compris ma mère, la soudaine abondance de nourriture a provoqué de graves troubles digestifs et des diarrhées. Maintenant que nous avions survécu à la malnutrition, nous risquions de mourir d'indigestion. Avec le recul, je me rends compte que, pendant les premières semaines de mai, les Britanniques ne savaient pas trop quoi faire de nous, ni comment nous traiter. Ils nous ont envoyées dans un hôpital où le personnel allemand nous traitait très mal. Ils nous haïssaient toujours, et cherchaient à nous humilier comme si nous étions des prisonnières, coupables d'un crime. Mais nous n'étions plus à leur merci. Nous pouvions crier aussi quand ils criaient, et nous ne nous en privions pas. C'était le premier signe que nous commencions à prendre conscience de notre libération.

Lorsque les combats ont été complètement terminés et que les Britanniques n'ont plus eu le souci primordial de gagner la guerre, peu à peu, ils ont commencé à mieux comprendre qui nous étions et ce que nous avions subi ; et notre traitement s'est amélioré.

Je rêvais de chocolat chaud depuis des années, depuis que j'avais été enfermée dans le ghetto de Kovno. Maintenant, après la libération, on m'offrait du chocolat, mais je ne pouvais pas le boire. Mon système digestif était trop délicat, comme celui d'un bébé. Nous étions tous obsédés par le pain. Nous n'en avions jamais assez. Nous nous bourrions de pain, puis nous en remplissions nos poches pour ne jamais risquer d'en manquer. Aujourd'hui encore, quand je traverse des périodes de stress, ma première pensée est de m'assurer qu'il y a assez de pain.

En escaladant cette échelle de corde pour quitter la barge allemande en perdition et monter à bord du vaisseau de guerre britannique, nous sommes passées du statut d'esclaves, ou moins qu'esclaves, à celui d'êtres humains méritant des égards et des soins médicaux. Nous avons brusquement retrouvé les droits humains fondamentaux dont nous avions été dépouillés, tout aussi brusquement, par les nazis en 1941. Nous avions été à la merci de tous, du moindre « Aryen » tenté de nous faire du mal, de nous exploiter, de nous humilier ou de nous tuer. Soudain, nous retrouvions un statut humain. Mais il nous a fallu des mois, et même des années, avant d'assimiler entièrement ce retour au monde de l'humanité ordinaire.

La période de ma vie qui s'étend du début de l'Holocauste jusqu'à ma libération en 1945 semble totalement distincte du cours normal de mon existence. J'étais une petite fille, en cet été de 1941 où ils ont confiné les Juifs de Kovno dans le ghetto, et j'ai l'impression d'être restée exactement au même âge jusqu'en 1945, lorsque j'ai été libérée. Quand je songe à tout ce temps où j'ai souffert dans le ghetto, dans le camp de travail et dans le camp de concentration, je me vois toujours comme la petite fille qui avait traversé le pont avec sa famille pour entrer dans le ghetto, cramponnée à quelques précieuses possessions. Physiquement, je n'avais pratiquement pas eu de croissance pendant ces quatre années d'épreuves effroyables. À peine libérée, j'ai aussitôt repris le fil de ma croissance. J'étais revenue au temps réel.

Émotionnellement aussi, j'avais été tordue, opprimée, paralysée par la permanence de la peur, du chagrin et de l'envie désespérée de survivre. Et même si je m'étais forcée à sourire aux soldats allemands pendant la guerre pour mendier un morceau de pain, je n'avais plus souri spontanément, sous l'effet du bonheur et de l'insouciance, depuis des années. Et je n'étais toujours qu'une enfant. La seule émotion normale que j'aie conservée pendant toute cette période fut sans aucun doute mon amour pour ma mère.

Beaucoup de gens ont perdu le contact avec leur vraie personnalité sous l'effet de la cruauté nazie. Nous n'étions plus des êtres humains. Il est absolument naturel que des êtres humains se soient comportés de manière anormale, pendant et après ce que nous avions subi. Il serait anormal d'être normal après l'Holocauste. En fait, c'est un miracle que des survivants aient pu reprendre le cours de leur vie, se marier, fonder des familles et vivre en citoyens productifs. Je ne devrais plus être qu'une statue de pierre. C'est ce qui m'est arrivé devant la gueule béante du four crématoire. Je suis devenue comme une statue. J'ai perdu conscience. Je ne vivais plus. Et je pense que j'aurais vraisemblablement dû rester ainsi. Ce serait la seule réaction sensée à ce que j'ai vécu.

Aussitôt après la libération, nous avons vécu dans un monde sans lois. Nous ne pouvions pas nous acclimater à la vie normale. Et nous étions constamment hantés par l'irrépressible envie de pain. Nos corps commençaient à prendre des formes bizarres. Ils se boursouflaient par endroits et restaient malingres par ailleurs. Les gens nous montraient du doigt dans la rue pour nous désigner comme survivants des camps de concentration, mais il nous arrivait aussi de crier des insultes aux Allemands.

Nous avons dû tout recommencer de zéro, parce qu'il ne nous restait rien. Au premier examen médical, on a découvert que ma mère et moi avions la tuberculose. On nous a hospitalisées un mois pour nous soigner. Mais, pour d'autres raisons aussi, la vie de ma mère était en danger. Dès les premiers repas qu'on lui avait donnés, elle avait eu des diarrhées, et cela ne s'arrêtait pas. Elle se déshydratait. Elle ne prenait pas de poids et ne semblait pas avoir la force de se rétablir. Je la voyais disparaître sous mes yeux, et cela m'était intolérable. Ne l'avais-je sauvée et ne m'avait-elle sauvée que pour cela ? Ce n'était pas possible !

Je quittai l'hôpital et sortis dans un parc. Je me rappelle le temps doux et ensoleillé de juin. En sanglots, j'errais parmi les fleurs et les arbres. J'étais libre, mais ma liberté ne signifiait rien pour moi si ma mère ne pouvait pas vivre pour la partager. Dans les tristes conversations chuchotées sur notre châlit de Stutthof, ma mère et moi avions partagé le rêve de nous promener ensemble dans les bois, libres de toute peur, et assez détendues pour apprécier l'air pur et le jeu du soleil et de l'ombre sur les feuillages. C'était une des premières choses que nous ferions après la guerre. Et maintenant que je me trouvais dans ce magnifique parc boisé, ma mère était trop malade pour quitter son lit et profiter avec moi de la beauté de la nature.

Enfin, je suis arrivée à un endroit où j'étais absolument seule, et j'ai imploré Dieu : « Rends-moi ma mère ! » Comment osais-je réclamer des faveurs spéciales, après tout ce qu'avaient subi tant d'autres Juifs ? Comment pouvais-je penser que Dieu m'écouterait ? Je l'ignore, mais quelque chose en moi m'a fait lancer cet appel, désespérée à l'idée de me retrouver seule au monde, et, miraculeusement, c'est ce jour-là que ma mère a commencé à se rétablir. Elle a bientôt pu digérer normalement la nourriture et s'engager sur le long chemin de la guérison.

Nous sommes restées un mois ou deux à Kiel, le temps de recevoir les soins médicaux urgents que notre état nécessitait aussitôt après notre libération. Nous avons reçu aussi des vêtements normaux, mais cela ne nous intéressait pas du tout. Nous ne nous souciions que d'être libres et d'aller où nous voulions.

Nous étions toutes seules. Il n'y avait pas d'assistantes sociales ou de psychologues. La principale activité qui préoccupait tout le monde était la recherche des parents et amis, pour essayer de savoir qui avait survécu. Notre conversation était une version désespérée de ce que les gens appellent aujourd'hui « la géographie juive » : « D'où êtes-vous ? Où étiez-vous pendant la guerre ? Connaissiez-vous telle personne ? Quand avez-vous vu Un tel pour la dernière fois ? Connaissiez-vous les autres gens qui étaient avec lui ? » Et bien souvent nous avons dû dire ou entendre la triste nouvelle : « Oui, nous le connaissions. » Il est mort ici, il a été abattu là, ou il a été exterminé ailleurs. L'espoir farouche qui avait soutenu les gens pendant la guerre a continué de mourir après la libération.

Nous n'avions pas de véritable projet pour l'avenir. Il était clair que nous quitterions l'Allemagne. Nous envisagions d'aller aux États-Unis, mais nous n'avions rien entrepris. Nous n'avions pas encore de désirs. Pendant quelque temps, il était plus facile de laisser simplement les choses suivre leur cours naturel.

Ma mère et moi espérions toujours que son frère Jakob et ses parents auraient réussi à survivre en se cachant dans le bunker après l'incendie du ghetto de Kovno, jusqu'à ce que les Russes libèrent la ville, et nous n'avions aucune idée de ce qu'était devenu mon frère Manfred. L'une des premières choses qu'ont faites les agences juives de secours, c'est de rassembler les noms des survivants et de publier les listes. Les gens les consultaient frénétiquement. C'était une situation tellement tragique. On avait envie de dévisager les gens pendant qu'ils parcouraient les listes, afin de partager leurs espoirs avec eux. Mais en même temps on était obligé de détourner les yeux, par respect pour leurs émotions, et aussi parce qu'on savait que leurs chances de retrouver les noms qu'ils cherchaient étaient infimes. Quand on arrivait à son tour, on voulait être seul. On avait le visage contracté par un mélange d'espoir et de peur. Lorsqu'on trouvait un nom, on était radieux, mais quand on ne le trouvait pas, on sombrait dans la dépression. Nous étions tous tellement vulnérables, tellement pathétiques.

Chaque fois qu'une nouvelle liste paraissait, ma mère et moi y cherchions les noms de nos proches. Miraculeusement, nous avons vu qu'un certain Manfred Simon était inscrit, et vivait à Francfort, notre ville natale. Ce ne pouvait être que mon frère ! Nous avons décidé de partir aussitôt pour Francfort. Nous ne pouvions pas écrire pour annoncer notre arrivée. Nous n'avions pas l'adresse exacte de

Manfred, et puis l'Allemagne était en ruine à l'époque. Le service postal était irrégulier et peu fiable. Qui pouvait dire quand une lettre arriverait ?

La joie de ma mère à la perspective de retrouver son fils était tempérée par l'appréhension – peut-être était-ce une erreur ? Maman ne laissait pas l'espoir prendre trop d'ampleur. C'était peut-être un autre Manfred Simon, ou bien quelqu'un d'autre qui, pour des raisons inconnues de tous, utilisait le nom Manfred Simon. Pour ma part, je n'avais aucun doute. J'étais sûre que c'était mon frère, et je mourais d'envie de le revoir, après plus d'un an de séparation angoissante, où il était impossible de savoir qui d'entre nous aurait survécu.

Le voyage de Kiel à Francfort raviva notre chagrin, en réveillant des souvenirs de tout ce que ma mère avait naguère possédé à Francfort, il y avait de cela bien longtemps, et de tout ce qu'elle avait perdu. Si seulement mon père avait survécu pour entreprendre ce voyage avec elle !

Heureusement, le Manfred Simon enregistré à Francfort était bien mon frère, et il fut assez facile à retrouver, car Dita, sa femme, travaillait pour l'Agence juive. Les retrouvailles de ma mère et de son fils furent bouleversantes. Elle ne se lassait pas de le serrer sur son cœur, ni moi de les presser tous les deux contre moi.

Après les premiers moments de bonheur, nous nous sommes dévisagés tous les trois comme si nous étions des fantômes. Nous n'avions jamais pensé nous revoir vivants. Un vif souvenir de Manfred enfant me submergea. Je le revoyais, ce grand frère tant admiré, fier, si bien habillé et si soigné. Les traitements infligés par les nazis l'avaient rendu presque méconnaissable. Il paraissait beaucoup plus âgé et plus intense que je ne me le rappelais ou ne l'imaginais.

Quant à lui, je me demande comment il me trouvait. Je n'étais plus la petite maigrichonne du ghetto. Je n'étais plus un squelette. Je devenais une jeune femme, à présent. Physiquement, tout au moins, j'avais commencé à me rétablir. Mes cheveux avaient en grande partie repoussé, et je commençais à m'étoffer, même si mon corps était informe, gras ici et osseux là.

Au moment de notre libération, il y avait quatre ans que je n'avais pas vu de miroir. Toutes les jeunes filles aiment se regarder dans la glace, expérimenter différentes coiffures, essayer en secret le maquillage de leur mère, ses bijoux, ses chaussures. Je n'avais jamais eu la possibilité de le faire. Dans le ghetto, je n'avais pu qu'apercevoir mon reflet dans des fenêtres, mais à quoi bon regarder ?

Aussitôt après la libération, je m'étais vue dans un miroir au-dessus des lavabos de l'école, à Kiel, et j'avais été horrifiée. Un monstre m'observait dans ce miroir, si laid que je ne pouvais pas croire que ce soit vraiment moi. Je ne m'étais jamais représentée comme toutes les autres détenues, émaciée et à moitié morte, mais j'étais comme elles, bien sûr. Mon visage ravagé m'était insupportable. Pendant plusieurs jours, j'ai évité le miroir, après quoi je me suis retrouvée plongée dans la contemplation obsessionnelle de ce visage inconnu, à essayer de comprendre comment ce pouvait être le mien.

Maintenant, après deux mois d'alimentation correcte et de repos, je recommençais à me trouver assez jolie. Manfred voyait-il surtout les marques de la souffrance, ou voyait-il la promesse de ma jeunesse ? Je n'ai pas osé le lui demander.

Manfred avait été déporté à Dachau avec les autres hommes du ghetto de Kovno, et l'histoire de sa survie est aussi miraculeuse que celle de ma mère et de moi, un ensemble de détermination, de foi et de chance incroyable. Après la libération de Dachau par l'armée américaine, Manfred est retourné à Francfort parce que c'est là qu'il était né. Par miracle, Dita avait survécu aussi. Chacun commença à rechercher l'autre et, peu après la libération, Dita a regagné Francfort à son tour. Lorsqu'ils se retrouvèrent, ils entrèrent par effraction et s'installèrent dans un appartement appartenant à un nazi qui était peut-être porté disparu au combat, ou bien qui se cachait pour éviter d'être jugé comme criminel de guerre. Après la guerre, en Allemagne, les Juifs ont souvent agi ainsi. C'était leur revanche, et puis il fallait bien qu'ils vivent quelque part. Personne n'osait protester. Les Allemands savaient bien ce qu'ils nous avaient fait.

Ce doit être lors de cette première visite à Francfort que nous avons appris que, avant la libération de Kovno par l'Armée rouge, les nazis avaient incendié le ghetto avec tous ceux qui s'y trouvaient encore, y compris les parents de ma mère et son frère Jakob, qui étaient restés là-bas après le meurtre de Benno sous les yeux de sa mère. Les soldats allaient de bunker en bunker avec des grenades et des lance-flammes, et liquidaient systématiquement les quelques Juifs sans défense qui s'y cachaient, innocents, désarmés, humbles civils qui ne menaçaient aucunement l'effort de guerre allemand. Nous avons aussi appris que ma tante Tita et son mari avaient été tués à Riga. Il ne nous restait plus personne à chercher sur les listes.

La deuxième préoccupation des réfugiés,

lorsqu'ils avaient retrouvé les survivants parmi leurs proches et qu'ils avaient appris le sort de ceux qui n'avaient pas survécu, c'était de quitter l'Allemagne. Manfred et Dita projetaient d'émigrer en Amérique aussitôt que possible, et voulaient que ma mère et moi partions avec eux. Nous avions de nombreux cousins qui étaient partis en Amérique avant la guerre. Dès qu'ils l'ont pu, ils nous ont retrouvés par l'intermédiaire du Joint Distribution Committee américain et nous ont envoyé tous les papiers permettant de nous faire émigrer aux États-Unis. Ils pensaient que nous pourrions les rejoindre dans les prochains mois. La perspective était alléchante. L'Amérique, ce pays où les rêves se réalisaient, et que les destructions de la guerre n'avaient pas touché – j'étais impatiente d'y aller !

Après avoir retrouvé Manfred, Maman et moi sommes retournées à Kiel. Et dès que nous avons été rétablies, les Britanniques nous ont envoyées à Feldafing, une agréable villégiature située sur le lac de Starnberg, au sud de Munich. Nous y étions logées dans un appartement modeste et, en attendant nos visas américains, nous profitions de ce bel environnement tout en poursuivant des traitements médicaux à l'hôpital de Feldafing. Comme la médecine m'intéressait, j'ai commencé à me rendre utile au laboratoire, et à y recevoir une formation pratique d'assistante médicale.

Une cousine de ma mère, qui avait survécu, nous a rejointes à Feldafing. Au bout d'environ un mois, ma mère a décidé de retourner voir Manfred, et elle est partie pour Munich en me laissant avec la cousine. Le voyage de Munich à Francfort, qui ne prendrait aujourd'hui qu'une demi-journée par le train ou en voiture, durait treize heures dans les trains bondés et désorganisés de 1945. C'était un voyage harassant pour une femme qui avait à peine eu le temps de se rétablir après les souffrances et les maladies du camp de concentration, mais Maman était impatiente de revoir son fils. Naturellement, je m'inquiétais pour elle, surtout que les voyages n'étaient pas sûrs à l'époque.

Pendant la semaine d'absence de ma mère, j'ai à peine pu fermer l'œil.

Un autre survivant de Kovno avait rejoint Manfred et Dita, un jeune homme surnommé « Wulik » (l'équivalent de Bill en lituanien). Dita avait connu Wulik à Kovno. Lorsque Wulik se présenta à l'Agence juive, à Francfort, Dita le reconnut, et l'invita à partager leur appartement.

Comme mon frère, Wulik avait été interné à Dachau et, après la libération, il était resté avec la IIIe armée américaine. Il faisait surtout office d'interprète, mais il lui arrivait aussi de donner un coup de main aux cuisines, où il s'était attiré le sobriquet de « Bill Beurre-et-Confiture ». Chargé de servir du beurre et de la confiture au petit déjeuner, ce cuisinier « expérimenté » avait mélangé les deux ingrédients dans une grande marmite, et les soldats avaient été bien surpris de voir Wulik leur servir des louchées de ce mélange poisseux ; mais ils l'avaient mangé et s'étaient régalés. Tous les soldats et les officiers aimaient « Bill Beurre-et-Confiture », et le commandant en chef préparait tous les papiers nécessaires pour lui permettre d'émigrer en Amérique lorsque l'unité américaine serait rapatriée. Wulik était l'unique survivant de sa famille. Ses parents et son frère avaient été tués dans le ghetto. Cependant, la perspective d'aller vivre en Amérique ne le tentait pas, car il avait toujours voulu émigrer en Palestine, qui était encore sous l'autorité britannique.

Avant la guerre, Wulik avait été un ardent sioniste, et jamais il n'avait renié son idéal. Dans les camps, il avait milité activement dans les mouvements clandestins sionistes et antinazis, et, lorsqu'il rencontra Dita à Francfort, il était très occupé à faire passer clandestinement des immigrants d'Europe en Palestine, grâce aux contacts qu'il avait établis en servant dans l'armée américaine, à la frontière entre la Tchécoslovaquie et la Russie.

Wulik s'était installé à Francfort avec Dita et Manfred, mais ses activités lui faisaient parcourir l'Europe entière. Il travaillait avec d'anciens soldats de la

Brigade juive et d'autres émissaires venus de Palestine pour aider les réfugiés à s'organiser en vue d'émigrer vers ce qui allait devenir l'État d'Israël. Wulik commençait déjà à utiliser son nom hébreu, Zeev, et en fait il parlait bien mieux l'hébreu que la plupart des émissaires de Palestine, car il avait fait ses études au Lycée hébraïque de Kovno. Et lorsque Ben Gourion est venu en Europe pour superviser le travail qui se faisait avec les réfugiés, la façon dont Zeev parlait l'hébreu l'a tellement impressionné qu'il ne pouvait pas croire que Zeev ne soit jamais allé en Palestine.

Ma mère n'avait jamais rencontré Wulik à Kovno, mais ils se sont tout de suite très bien entendus. C'était un jeune homme séduisant, sensible et intelligent, issu d'une bonne famille, et doté de ce que nous autres, Juifs allemands, appelons *Kinderstube,* et qui signifie qu'il était bien élevé. Et quant à lui, il l'admirait aussi. C'était une femme intelligente, raffinée, instruite, qui parlait un allemand élégant, et qui prenait toujours soin de sa personne, même si peu de temps après la guerre. Malheureusement, elle perdait la vue d'un œil à cause des carences vitaminiques, et elle redoutait de devoir être énucléée.

Maman avait emporté une photo de moi pour la montrer à Manfred et, lorsque Zeev vit cette photo, après avoir été tellement impressionné par ma mère, il décida que j'étais la fille qu'il épouserait. Évidemment, il ne confia ni à ma mère ni à personne d'autre son projet secret, étant donné que je ne l'avais jamais rencontré. J'ignorais jusqu'à son existence !

Maman revint à Feldafing, mais Manfred et Dita l'avaient suppliée de m'envoyer passer quelques jours avec eux, et je pris donc le train avec ma vieille cousine pour chaperon. Nous avions toujours le projet de partir tous ensemble pour l'Amérique, dès que nos visas seraient prêts.

Le voyage en train de Munich à Francfort dura plus de treize heures. C'était un cauchemar. Le wagon était plein d'Allemands ivres et tapageurs.

Lesquels, me demandais-je sans cesse, ont été S.S. ou kapos ? Lesquels ont tué et battu des Juifs, et volé leurs possessions ?

À Francfort, Manfred nous attendait sur le quai. Je portais l'une de mes deux robes, une chose courte et enfantine que m'avaient envoyée nos cousins d'Amérique, avec des chaussettes blanches montantes et des chaussures vernies noires. Et puis j'arborais une boucle sur le front, suivant la mode de l'époque. Mais j'avais une grave infection aux yeux, et ma ligne était encore informe et boudinée. Et puis à cette époque j'avais de l'asthme. Je toussais et j'étouffais constamment.

Lorsque Manfred nous eut accueillies chaleureusement toutes les deux, il souleva le baluchon de ma cousine, et nous nous dirigeâmes vers la sortie. Mais, à l'insu de Manfred, Zeev aussi nous guettait à la gare lors de notre arrivée. Il resta hors de vue jusqu'à la maison puis, au moment où nous nous engagions dans l'escalier avec nos paquets, il surgit comme par hasard.

Il me salua très aimablement : « Ah,

bonjour, vous devez être Trudi, la sœur de Manfred. J'ai vu votre photo, et Manfred m'a beaucoup parlé de vous. Je suis enchanté de vous rencontrer ! » Zeev s'empara aussitôt de mon bagage et gravit l'escalier avec nous.

Ma première impression de Zeev fut très favorable. Il était très mince, avec des cheveux châtain foncé et des yeux bruns intelligents. Bien que vêtu de la manière la plus simple, il avait beaucoup de dignité. Il avait de l'assurance sans être présomptueux, et je pouvais tout de suite voir qu'il était quelqu'un de bien, à qui l'on pouvait se fier. Malgré tout ce qu'il avait subi, son comportement montrait qu'il était cultivé et bien élevé. Et visiblement, c'était aussi quelqu'un de déterminé, doté d'une volonté d'acier. Nous n'avions pas encore atteint le haut de l'escalier qu'il m'avait déjà annoncé que j'irais vivre en Palestine avec lui. Je le pris pour un fou.

Après une semaine très agréable à Francfort, je retournai à Feldafing et repris mes études informelles à l'hôpital. Les médecins et les infirmières étaient gentils avec moi, et heureux de m'apprendre à travailler dans un laboratoire, mais ils me demandaient sans cesse pourquoi je ne souriais jamais. « Vous êtes jeune et intelligente, mais vous avez l'air tellement sombre. »

Je répondais simplement : « J'ai des souvenirs trop épouvantables. »

Comment leur expliquer que mes seuls sourires depuis quatre ans n'avaient été que des sourires faux, pour m'insinuer dans les bonnes grâces des nazis ?

Zeev venait souvent me voir à Feldafing. Il voyageait beaucoup pour son travail, qui était semi-clandestin. Il circulait entre les camps de personnes déplacées, pour organiser des groupes de jeunes Juifs et les préparer à émigrer en Palestine. Des instructeurs venaient de là-bas leur enseigner l'hébreu, les chants populaires et l'autodéfense, mais il s'agissait surtout de les diriger vers les ports méditerranéens. L'Agence juive affrétait des bateaux pour transporter les réfugiés jusqu'en Palestine, contre la volonté du gouvernement britannique, qui préférait voir les victimes de Hitler pourrir en Europe plutôt que de les aider à rejoindre leurs frères Juifs en Terre d'Israël pour commencer une nouvelle vie.

Lorsque Zeev venait à Feldafing, nous passions toujours un moment ensemble. Je commençais à beaucoup apprécier sa compagnie. Et puis il me manquait et je m'inquiétais pour lui lorsqu'il repartait. Son travail comportait un élément de danger. On ne pouvait jamais savoir quand des hooligans allaient décider d'attaquer un Juif, malgré tout le mal qu'on nous avait déjà fait.

Un après-midi, quelqu'un frappa à la porte de notre petit appartement à Feldafing, et me demanda. En allemand. Ma mère et moi étions seules à la maison. Ma première pensée fut que ce devait être un messager envoyé par Zeev, peut-être – une brève étincelle de peur me parcourut – porteur d'une mauvaise nouvelle. Heureusement, ce n'était rien de tel. Et ce qui suivit fut l'une des scènes les plus étranges de ma vie, qui m'a laissé un souvenir indélébile.

J'ouvris la porte, et me trouvai devant un homme grand et mince, avec des cheveux bruns, des yeux bleus et un nez « juif ». Il m'était confusément familier, mais sans que je puisse tout de suite le situer. Comme il pouvait voir à mon expression que j'étais stupéfaite, il me dit : « Vous ne vous souvenez plus de moi, Trudi ? »

Dès l'instant où j'entendis sa voix, tout me revint brusquement. C'était Axel Benz, le soldat allemand qui m'avait prise en amitié et protégée lorsqu'il escortait la brigade de travail du ghetto de Kovno, celui qui m'avait donné sa montre en or.

Je n'avais jamais imaginé le revoir. J'avais rencontré ou connu pendant la guerre des gens innombrables, dont je savais, pour la plupart, que jamais je ne les reverrais. Ils occupaient un compartiment séparé et lointain de ma mémoire, que je visitais rarement car il était trop douloureux. Et voilà que Benz émergeait de cette zone, sain et sauf. J'étais ravie de le voir.

« Voulez-vous venir vous promener un peu avec moi ? demanda-t-il. Nous pourrions aller boire un café ensemble. »

Je ne pouvais pas accepter son invitation. J'aurais été gênée de me montrer en public avec un Allemand. « Non, dis-je. Mais vous pouvez entrer. Asseyez-vous. » Je lui désignai une chaise droite, près de la table, et Benz s'assit.

« Voulez-vous manger ou boire quelque chose ?

— Oh, non, je ne pourrais rien accepter de vous.

— Vous pouvez. Nous avons tout ce qu'il nous faut, maintenant. »

Je fis bouillir de l'eau pour le thé, puis le rejoignis à la table. « Comment m'avez-vous retrouvée ? » Il y avait un million de questions à poser, pour ceux qui avaient survécu à la guerre. Peut-être aurais-je plutôt dû demander : « Pourquoi m'avez-vous retrouvée ? » ou : « Que vous est-il arrivé, quand ils vous ont éloigné de Kovno ? » mais je n'avais pas vraiment envie de savoir quoi que ce fût sur quelqu'un qui avait été du côté de mon ennemi mortel.

Benz me raconta son histoire sans que je le lui aie demandé. Son unité avait été envoyée sur le front russe en 1943. Presque tous ses camarades avaient été tués ou capturés par les Russes.

Tant mieux, me disais-je. Ils l'ont bien mérité. Si seulement il y avait eu plus de soldats allemands tués, la guerre aurait pu finir plus tôt. Mais si Benz était mort au combat ? C'était trop compliqué pour moi. Benz n'était pas un homme mauvais. Il avait été gentil avec moi, et je ne l'avais jamais vu agir cruellement avec personne. Tous les soldats allemands n'étaient pas des criminels endurcis. Je le savais, mais leurs souffrances n'étaient rien, comparées à celles des Juifs. Ma tête et mon cœur refusaient de s'affliger pour les hommes dont Benz portait le deuil.

« Je cherchais toujours votre nom sur les listes de réfugiés, poursuivit Benz. Je me souvenais si bien de vous, à Kovno, et je priais tellement pour que vous soyez sauvée. Finalement, j'ai vu votre nom, et je suis venu exprès de Cologne pour vous voir. Peut-être que mes prières vous ont aidée, qui sait ? »

Benz me posa beaucoup de questions sur ce qui m'était arrivé depuis son départ de Kovno, et il eut le cœur brisé en entendant le récit des atrocités innommables que les Allemands avaient commises contre nous. Il pleurait, ouvertement, en répétant : « J'ai honte de mon pays, j'ai honte. »

Puis il m'annonça qu'il était fiancé à une jeune Italienne. Il l'aimait, mais il n'était pas sûr de pouvoir l'épouser.

« Pourquoi donc ? m'étonnai-je.

— Parce que je veux vous épouser, Trudi. »

J'étais trop abasourdie pour répondre. C'était bien la dernière chose au monde que j'aurais imaginée. C'était tellement absurde que je faillis éclater de rire. Mais il était visiblement tellement convaincu que j'étais obligée de répondre sérieusement. J'hésitai un long moment. Je ne savais pas par où commencer. Finalement, je lui dis : « Je ne pourrai jamais épouser un Allemand, après ce que les Allemands ont fait aux Juifs.

— Je me convertirai au judaïsme et j'émigrerai en Palestine. »

Je n'en croyais pas mes oreilles. C'était absolument hors de question. Il ne pourrait jamais se transformer en Juif. Tout le monde verrait immédiatement que c'était un Allemand, un ancien soldat de l'armée nazie. J'aurais été gênée de me montrer avec lui dans la rue, sans même parler de l'épouser.

Il était d'une grande sensibilité, et il m'avait tenue compagnie jour après jour pendant l'horrible marche qui nous menait du ghetto jusqu'à l'hôpital militaire. Son amitié, qu'il m'avait manifestée au risque de sa propre vie, m'avait donné le courage et la force de tenir bon. Il m'avait donné le sentiment rassurant que la guerre finirait un jour et, dans un élan d'extrême générosité, il m'avait donné sa montre en or dans l'espoir qu'elle m'aiderait à rester en vie, même si, en fait, j'avais failli me faire tuer lorsque je l'avais échangée contre de la nourriture.

À l'époque, il m'avait dit : « J'espère que nous nous reverrons », et j'avais eu les larmes aux yeux lorsqu'il avait été envoyé loin de Kovno – qui allait me protéger désormais ?

Et voilà que Benz reparaissait. Je me rappelais toute ma gratitude à son égard, et j'étais très émue par sa proposition impulsive, mais il m'était vraiment impossible de l'accepter.

« Je vous en prie, c'est ridicule. Vous ne me connaissez même pas. Et je ne vous connais pas du tout. Vous ne pouvez pas me demander en mariage comme cela, de but en blanc ! De toute façon, je suis encore trop jeune. Je n'ai pas l'intention de me marier avant d'avoir terminé mon éducation.

— Mais je vous connais, moi. Je me souviens si bien de vous dans le ghetto de Kovno, de votre entrain même lorsque vous souffriez. Vous étiez une enfant tellement charmante !

— S'il vous plaît, pardonnez-moi d'être brutale. Mais oubliez tout cela. Vous avez construit des souvenirs dans votre tête et c'est d'eux que vous êtes épris. Vous essayez de compenser par un geste personnel ce qu'a fait votre pays. Je le comprends. Mais… »

Il se leva brusquement et se mit à faire les cent pas dans la pièce d'un air très agité. Puis il déclara : « Je vois que je me suis conduit comme un imbécile. Veuillez me pardonner. Je vais partir, maintenant. Adieu ! » Il se dirigea vers la porte.

Je l'arrêtai. « Vous retournez à Cologne ?

— Oui, pourquoi ?

— J'ai une lettre pour un ami à Francfort. Si vous pouviez la poster en chemin, je vous en serais reconnaissante.

— Si c'est pour votre ami de cœur, je ne veux pas la prendre », dit-il. Mais il la prit.

Axel Benz était peintre. Pour mon mariage, il m'a envoyé un grand tableau de lui, superbe, représentant un village d'Allemagne. Aujourd'hui encore, il est accroché chez moi à Jérusalem, bien que je n'aie gardé aucun contact avec Benz.

Axel Benz n'était pas le seul à exprimer

ses visées sur mon avenir. Nos visas américains devaient arriver bientôt, et Manfred et Dita préparaient notre traversée. Mais Zeev insistait pour que nous allions plutôt en Palestine. C'était le pays destiné aux Juifs. Zeev voulait m'épouser, lui aussi, mais je n'étais pas encore prête à accepter. Je n'étais pas pressée de m'attacher définitivement à quelqu'un. Je ne savais guère ce qu'était l'amour. Je n'avais aucune expérience des relations personnelles, à l'exception de mon amour pour mon père, qui s'était terminé dans le chagrin et la désolation, et du lien très étroit qui me retenait à ma mère, renforcé par des circonstances anormalement dures. Pendant la guerre, je n'avais pas eu la possibilité de me développer comme une adolescente normale, avec des amis et une vie personnelle. Même Manfred, mon frère, m'était devenu presque un étranger pendant les années de ghetto, parce qu'il s'était débrouillé de son côté. Je me sentais terriblement jeune. Les cinq années de guerre étaient purement et simplement effacées de ma vie. Elles n'avaient pas contribué au développement de ma maturité. Qui pouvait envisager de tomber amoureuse dans des circonstances pareilles ? C'était hors de question. Zeev était obstiné, mais je ne voulais pas entendre parler de mariage.

Puis un événement survint, qui influa sur le cours de notre existence future. Au début de 1946, Manfred et Dita parvinrent à se procurer des billets pour aller en Amérique, mais ma mère et moi n'étions pas prêtes. Nos visas n'étaient pas encore arrivés. Manfred et Dita se sont donc embarqués seuls, et nous sommes allées nous installer à Francfort, dans leur appartement, avec les maigres possessions que nous avions réussi à réunir depuis la libération, un petit baluchon de vêtements d'occasion.

Une fois à Francfort, nous n'étions plus aussi certaines de vouloir rejoindre Manfred et Dita en Amérique. Zeev parlait de la Palestine avec tant d'enthousiasme que nous étions à moitié convaincues d'y aller. Ce n'était pas une décision facile à prendre. Maman et moi en discutions pendant des heures et des heures. Manfred et Dita avaient hâte de nous voir les rejoindre et, bien évidemment, ma mère et moi ne voulions pas être séparées de nos plus proches parents survivants. Nous nous entendions très bien avec Dita, et Maman allait sûrement souhaiter être proche de ses petits-enfants lorsqu'ils viendraient à naître.

Nous aimions beaucoup Zeev, mais son principal argument contre l'émigration en Amérique avec Manfred et Dita était vraiment plus idéologique que personnel. Où devait aller vivre un Juif, après ce que nous avaient fait les non-Juifs pendant la guerre ?

Il était évident pour nous que nous devions quitter l'Allemagne, et que le plus tôt serait le mieux, même s'il y avait des réfugiés qui souhaitaient y demeurer. Je me demandais : Comment un Juif peut-il rester vivre en Allemagne ? Ce n'est pas normal. La place d'un survivant n'est pas en Allemagne. Je ne peux pas comprendre cela. Qu'est-ce qu'un Juif peut bien espérer, en Allemagne ?

Zeev était un ardent sioniste, et ses arguments étaient convaincants. Contrairement à lui, je n'avais jamais adhéré à aucun mouvement de jeunesse sioniste, et je ne partageais donc pas son passé idéologique. Cependant, ma mère et moi sympathisions beaucoup avec ses idées. Maman avait œuvré en faveur du sionisme, à Francfort. Elle avait collecté des dons pour le Fonds national juif et, si elle n'avait pas eu le cœur fragile (mon père craignait pour elle la chaleur du climat), mes parents auraient envisagé d'aller s'établir en Palestine, dans les années 30, après avoir été chassés d'Allemagne. Néanmoins, nos discussions étaient loin d'être théoriques : il s'agissait de décider de notre avenir.

Nous passions beaucoup de temps à peser le pour et le contre. Nos plus proches parents étaient partis en Amérique. Mais était-ce l'endroit qui nous convenait ? Y serions-nous plus en sécurité ? Nous savions que l'Amérique avait traversé la guerre pratiquement indemne. Il ne faisait aucun doute que, sur le plan matériel, la vie serait plus facile en Amérique. Mais nous nous souvenions aussi que les Juifs d'Allemagne s'étaient crus chez eux et qu'ils avaient prospéré avant l'avènement du nazisme. L'Amérique était peut-être accueillante pour les Juifs, mais leur patrie était la Palestine – dont l'avenir, par contre, était incertain. Cela se passait avant la décision de partage des Nations Unies en novembre 1947, suivie de la déclaration d'indépendance d'Israël en mai 1948. Et nous ne rendions pas compte, bien sûr, que l'État juif allait si souvent devoir se battre pour assurer sa survie.

Finalement, ce fut Zeev qui l'emporta. Il nous persuada que les Juifs devaient vivre dans leur pays, et non en étrangers dans un autre pays, si bon et si généreux qu'il fût envers les Juifs. Nous décidâmes de refuser les visas américains. En apprenant cela, Manfred nous crut folles, et je suppose qu'il dut être bien fâché de savoir que nous refusions nos visas. Zeev ne m'avait certes pas encore convaincue de l'épouser, mais ma mère et moi lui étions très attachées.

Nous menions une vie désorganisée et presque folle à Francfort, sans guère de cadre ni de but. L'Agence juive distribuait des cigarettes et des fournitures diverses, et nous échangions ce dont nous n'avions pas besoin contre de la nourriture.

Même si les Allemands, naguère puissants, étaient maintenant vaincus et vivaient sous l'occupation alliée, nous, les Juifs, n'éprouvions aucun sentiment de victoire. Nous avions trop perdu. Beaucoup d'entre nous brûlaient du désir de se venger. Mais j'avais beau haïr les Allemands et les considérer tous comme d'anciens S.S., je ne pouvais pas me venger par la violence. Ce n'était pas ma façon d'être.

J'avais peur des Allemands, aussi, et je les détestais autant pour ce qu'ils nous avaient fait que pour leurs hypocrites protestations d'innocence après la guerre. Brusquement, personne ne savait rien de ce qu'avaient fait ces vilains nazis. Mais j'ai eu l'occasion de découvrir, d'une manière très étrange, que certains Allemands ignoraient réellement la vérité sur les horribles crimes qui avaient été commis en leur nom.

À Francfort, je passais une grande partie de mon temps à suivre des traitements médicaux. Ma jambe blessée était en bonne voie de guérison, mais elle n'avait encore aucune force, et je boitais beaucoup. Ma tuberculose n'était pas entièrement guérie non plus, et il fallait me faire des injections de calcium. Puis un kyste se forma dans mon dos, et je dus subir une opération mineure. Cette perspective me terrifiait, à cause des horribles interventions que j'avais subies dans le camp de concentration de Stutthof. Et là, au moins, j'avais eu affaire à des médecins juifs. Mais cette fois nous étions en Allemagne. Les médecins et les infirmières seraient allemands. Et je n'étais pas très rassurée.

L'opération n'était censément qu'une intervention de routine, mais je devais néanmoins être anesthésiée. Pendant l'opération, ma mère attendait dans le couloir avec Zeev. Soudain, les infirmières sortirent en courant du bloc opératoire, en hurlant et en sanglotant : « Quelle horreur ! C'est affreux ! Comment est-ce possible ? »

Ma mère et Zeev furent épouvantés. Ils pensaient que j'étais morte sur la table d'opération. Zeev s'écria : « Que lui est-il arrivé ? » Le chirurgien l'entendit de l'intérieur et cria : « Ne vous inquiétez pas. Elle va bien. » Puis les infirmières se ressaisirent et retournèrent à leur poste. En très peu de temps, le kyste fut extrait sans difficulté.

Nous avons su par la suite que, sous l'influence de l'anesthésique, à moitié endormie, j'avais commencé à raconter les horreurs des camps et du ghetto. Les infirmières avaient été trop bouleversées pour rester dans la pièce. Seul le chirurgien avait résisté, parce qu'il était en plein milieu de l'intervention et ne pouvait pas s'en aller. Plus tard, tandis que je me rétablissais, il est venu implorer à genoux mon pardon pour ce que m'avaient fait les Allemands. Il venait me voir deux fois par jour et m'apportait des fleurs, mais j'avais du mal à les accepter.

À l'époque, je n'avais aucune intention de pardonner aux Allemands. Je voulais quitter ce pays le plus tôt possible. Je ne pouvais pas imaginer qu'un jour viendrait où je serais disposée à retourner en Allemagne et à rencontrer des Allemands, même si je pouvais pardonner à certains individus que je savais innocents, comme Axel Benz ou le médecin qui avait opéré mon kyste et imploré mon pardon.

Ma mère s'est admirablement rétablie après la libération, sans jamais sombrer dans la dépression malgré son profond chagrin. Toute sa force de caractère ressortit lorsqu'elle dut affronter la tâche de construire une nouvelle vie à un âge où, dans des circonstances normales, elle aurait pu s'attendre à vivre confortablement et consolider ses acquis tandis que ses enfants grandissaient.

En dépit de ses problèmes de santé, ma mère affrontait l'avenir avec courage. En plus de la tuberculose, les camps l'avaient gravement handicapée : lorsque son œil est devenu aveugle à la suite des carences vitaminiques, il a fallu l'énucléer. On lui a mis un œil de verre, mais de qualité médiocre, et il se remarquait. Cela troublait beaucoup ma mère, étant donné le soin qu'elle apportait à son aspect physique. Jusqu'au jour de sa mort, elle a toujours été très soignée et vêtue avec goût, sans jamais tomber dans l'extravagance ni l'excès. C'était une grande dame.

Nous ne possédions absolument rien, aussi le premier souci de Maman était-il de me faire acquérir un métier. Comme j'avais montré de l'intérêt pour le laboratoire médical de Feldafing, nous avons décidé que je m'inscrirais à l'Institut Paul-Ehrlich, à Francfort, pour devenir technicienne de laboratoire.

Je trouvais les études très difficiles : la guerre m'avait empêchée d'aller au-delà des classes primaires, et puis il m'était très pénible d'avoir des professeurs allemands et de côtoyer des élèves allemands, après avoir vécu dans les camps. Je suis sociable de nature, mais je refusais de me faire des camarades à l'Institut. Chaque jour après mes cours, je rentrais directement chez moi, auprès de ma mère.

Les mois passaient, et Zeev me demandait sans cesse quand nous allions annoncer nos fiançailles. Il était toujours un vrai gentleman et, sans l'ombre d'un doute, j'aimais infiniment sa compagnie. Lorsqu'il partait en mission, il me manquait et je m'inquiétais pour lui ; et puis j'étais très fière du travail qu'il faisait : organiser l'immigration juive en Palestine. L'Europe était pleine de Juifs sans domicile, des gens qui avaient perdu leur famille et leurs biens dans la guerre, et qui n'avaient nulle part où retourner. Comment pouvait-on renvoyer un Juif en Pologne, en Ukraine, en Lituanie, ou n'importe où ailleurs en Europe, quand les chrétiens avaient aidé les Allemands à massacrer les Juifs avec tant d'enthousiasme ? Le moindre centimètre carré d'Europe était imprégné de sang juif. La terre n'était plus qu'un immense cimetière juif. Les vents étaient chargés de nos cendres.

Le seul endroit au monde qui désirait ardemment accueillir tous ces réfugiés juifs, c'était la colonie juive de Palestine, mais les Britanniques avaient cédé aux pressions des Arabes et fermé les portes de la Palestine. Dans ces tragiques circonstances, Zeev et ses camarades dévoués au mouvement d'immigration clandestine ne sauvaient pas seulement des vies, ils ne donnaient pas seulement un avenir aux gens, mais ils construisaient aussi les fondations de l'État juif naissant. J'étais excitée de me trouver impliquée dans une entreprise aussi importante, même si ce n'était que comme amie et collaboratrice occasionnelle de Zeev.

La persistance des demandes en mariage de Zeev me plaçait dans une situation embarrassante. Je discutais de tout avec ma mère. « Que vais-je dire à Zeev ? Que dois-je faire ? Je l'aime trop pour lui faire de la peine, mais je ne sais pas si je suis prête à me marier. Que ferais-tu à ma place ? »

Ma mère m'écoutait attentivement, et prenait tout son temps avant de répondre. « Si tu veux vraiment savoir ce que j'en pense, je dirais que tu es beaucoup trop jeune pour envisager le mariage. » Elle me regardait pour voir ma réaction.

« Je pense comme toi. Mon enfance a été tronquée. Quelquefois, j'ai l'impression de n'avoir encore que onze ou douze ans. Cinq années ont passé, et elles n'ont pas compté. Elles ne m'ont rien apporté. Il faut que je rattrape le retard de ma vie.

— Tu as raison. Il faut que tu vives, que tu t'amuses, que tu mûrisses. Il est trop tôt pour assumer la responsabilité du mariage. Même dans des circonstances normales, si ton père était encore en vie et qu'il n'y ait pas eu la guerre, tu serais trop jeune pour te marier. Mais maintenant que tu as perdu toute ta famille, et que ton père n'est plus là pour t'aider, comment peux-tu penser au mariage ?

— Tu as raison. C'est ce que je vais dire à Zeev. Attendons quelques années. »

Mais lorsque je tentais de raisonner Zeev, cet homme pourtant raisonnable ne voulait pas entendre raison. Il s'en tenait à son unique argument : « Je t'aime, Trudi. Je sais que je vais t'épouser. Alors pourquoi attendre ?

— Mais tu n'as pas de métier. Il faut que nous économisions de l'argent, avant de nous marier. »

C'était un point sensible. Zeev envisageait de faire des études d'ingénieur, mais il ne voulait pas rester en Allemagne plus longtemps qu'il n'y était contraint, et son travail pour le mouvement d'immigration clandestine prenait tout son temps et son énergie. Il se sentait obligé de continuer aussi longtemps que ce serait nécessaire. Mais il connaissait bien ma mère et la respectait. Quelle mère juive issue de son milieu ne rêve pas de voir sa fille épouser un avocat ou un médecin, un homme qui ait une situation et un avenir assurés ? Zeev partageait les valeurs de ma mère. Il voulait pouvoir entretenir convenablement sa femme et ses enfants.

D'autre part, ma mère l'aimait et l'admirait. Elle disait toujours qu'il avait de « bonnes racines », et elle était contente de me voir fréquenter Zeev plutôt qu'un homme dont le caractère aurait été détruit par les camps. Mais elle souhaitait que j'aie la possibilité d'acquérir une formation.

Ma mère me disait très clairement ce qu'elle pensait lorsque je sollicitais son opinion, mais elle n'intervenait pas quand elle voyait que je n'allais pas la suivre. C'était une femme très avisée.

Quant à moi, j'étais sûre d'une chose : c'était que je ne pourrais épouser qu'un survivant de l'Holocauste. Sans quoi jamais mon mari ne pourrait me comprendre. Zeev et moi nous comprenions parfaitement. À force de l'entendre parler de mariage, je commençais à voir cela d'un meilleur œil. Et, le 1er juin 1946, nous nous sommes fiancés. J'écrivis à mon frère et à ma belle-sœur pour leur annoncer la nouvelle et, impulsivement, j'adressai aussi un mot à Axel Benz, qui m'avait envoyé un faire-part de son mariage. Manfred et Dita, ainsi que nos cousins américains, nous adressèrent des télégrammes de félicitations, et Axel Benz m'envoya son tableau : « Pour Trudi Simon. » Mais même si ce cadeau magnifique lui plaisait, Zeev trouvait qu'il aurait dû écrire « Pour Trudi Birger » !

Nous nous sommes mariés le 30 juin

1946, dans la cour de notre immeuble à Francfort. Il n'y avait pas beaucoup de gens à la cérémonie, juste le quorum de dix hommes pour les prières, et quelques autres amis. Notre appartement n'était pas situé dans un très bon quartier, et tous les voisins non-juifs regardaient la cérémonie de leurs fenêtres. Je les entendais dire : « Mais c'est une petite fille, qui se marie là ! » Qui aurait imaginé qu'après Hitler et ses crimes, on célébrerait encore un mariage juif à Francfort !

Zeev et moi n'avions pas un sou, et très peu de vêtements. Même son unique pyjama avait des trous ! Mais nous sommes tout de même partis en voyage de noces. Ma mère nous a fait la surprise de nous offrir une semaine dans une pension de famille au Taunus. Pour moi, le Taunus restait associé à cet horrible dimanche de mon enfance, où des soldats nazis avaient menacé de fusiller toute ma famille, au retour d'un pique-nique. Mais Zeev et moi avons passé une semaine merveilleuse à la campagne. La logeuse avait accroché une petite pancarte à la porte de notre chambre : « Bienvenue, monsieur et madame Birger », et j'en eus une illumination. C'était la première fois que je me sentais vraiment être « Madame Birger ».

Chaque matin, nous commencions par aller cueillir des fraises dans les champs et en remplir des paniers, puis notre logeuse nous donnait de la crème fraîche bien épaisse pour que nous nous régalions. Il y avait aussi de délicieuses cerises dans les vergers, et nous en cueillions autant que nous pouvions en manger, puis je rentrais chez nous avec des cerises en guise de boucles d'oreilles. Depuis, j'achète chaque année des cerises pour célébrer notre anniversaire de mariage, mais elles ne sont jamais aussi succulentes. Un an s'était écoulé depuis notre libération, mais nous avions si longtemps été privés de fruits frais que nous ne pouvions pas nous en rassasier.

La santé de Zeev aussi avait été gravement endommagée par sa détention à Dachau et, pendant notre première année de mariage, ma mère m'a aidée à le soigner en ayant toujours pour lui des provisions de fruits et de légumes frais. Nous continuions à vivre tous les trois ensemble dans le même appartement, et Zeev et moi n'avons jamais eu la moindre impression d'en être encombrés. Ils étaient devenus si proches qu'elle en arrivait presque à remplacer la mère qu'il avait perdue au ghetto de Kovno. Zeev continuait à travailler et moi à étudier, mais on peut dire que, pendant près de deux ans, nous avons mené une existence pratiquement dépourvue de structure. Nous ne nous attachions pas du tout à Francfort, car nous savions que nous allions partir. Notre vie n'a acquis de cadre solide que lorsque nous sommes partis vivre en Israël.

Une fois mariés, il ne faisait plus aucun doute que c'était là-bas que nous irions. La seule question était : Quand pourrions-nous partir ? Les Britanniques avaient réduit l'immigration légale à un infime goutte-à-goutte. Ils interceptaient des bateaux pleins d'immigrants clandestins qu'ils internaient dans des camps, à

Chypre. Pendant ce temps, Zeev était toujours très actif dans le mouvement, et il était tellement indispensable en Europe qu'il ne pouvait pas obtenir l'autorisation d'émigrer lui-même. Mais, en novembre 1947, nous l'avons enfin obtenue.

À strictement parler, nous étions des immigrants clandestins, mais l'Agence juive expérimentait avec nous une nouvelle stratégie. Au lieu d'essayer de forcer le blocus britannique pour accoster de nuit sur une plage isolée, comme tant d'autres cargaisons de personnes déplacées, nous avions reçu des papiers d'identité de gens originaires de Palestine qui étaient morts, et nous devions prétendre que nous rentrions d'un voyage en Europe – même si n'importe qui pouvait voir au premier coup d'œil que nous étions des réfugiés. Peut-être pourrions-nous tromper les gardes-côtes anglais, ou bien fermeraient-ils les yeux sur notre subterfuge manifeste.

Nous avons fait la traversée sur un yacht prêté par la famille Rothschild. Ce n'étaient pas exactement des conditions luxueuses, et nous avancions très lentement, mais nous étions tous d'excellente humeur. Quelle différence entre ce voyage et l'horrible périple où nous avions bien failli trouver la mort, en barge sur la Baltique ! En plus de la tuberculose, j'avais eu de l'asthme pendant tout le temps que j'étais en Allemagne, alors que, enfant, je n'en avais jamais eu. Curieusement, cela disparut dès l'instant où je posai le pied sur le bateau. Et puis aussi, pour la première fois depuis des années, je riais librement. Nous dansions sur les ponts.

Je me suis particulièrement bien divertie pendant ce voyage. Le capitaine grec était un vrai charmeur, et il se prit d'affection pour moi. Il fut déçu d'apprendre que j'étais mariée, mais c'était un gentleman, et il nous invita tous les trois, Zeev, ma mère et moi, à dîner à sa table. Il me laissa passer la journée sur la passerelle et me prêta une paire de jumelles. Il me désignait les îles grecques que nous pouvions apercevoir, et j'étais excitée comme une gamine.

Le yacht Rothschild tenait bien la mer, mais il n'était pas aussi rapide qu'un paquebot. Notre voyage dura près de deux semaines. Et pendant tout ce temps, jamais l'atmosphère enthousiaste qui régnait à bord ne flancha. Nous nous serrions les uns contre les autres, joyeux, et nous chantions des chants hébreux ; nous avons forgé là des amitiés qui durent depuis cinquante ans.

Le dernier soir, lorsque le capitaine nous a annoncé que nous allions voir la terre d'un moment à l'autre, tout le monde est resté rivé au bastingage. Nous y sommes restés des heures entières, les yeux fixés sur l'horizon sombre, dans l'espoir d'apercevoir la première lueur du rivage. Puis, soudain, au milieu de la nuit, quelqu'un a distingué les lumières du Carmel, des lumières de maisons et de rues juives !

Enfin, après avoir été chassés de trois pays et avoir perdu nos maisons, l'une après l'autre, nous étions en vue d'une terre à nous. J'en avais des picotements partout, comme si c'était un rêve, et j'étais bien trop excitée pour dormir. Je ne me couchai pas de la nuit. Je restai à contempler ces lumières tandis que, à une douloureuse lenteur, nous approchions de la terre. Je n'éprouvais aucune appréhension sur ce qui m'y attendait. J'étais pleine de joie et d'espérance.

Nous avons touché terre à Haïfa, le 20 novembre 1947. La nouvelle stratégie de l'Agence juive avait réussi, et c'est ainsi que notre bateau fut le premier à débarquer sans problème sa cargaison d'immigrants. Nous avons tous embrassé la terre en débarquant, ce que je n'avais jamais imaginé de faire, mais qui me parut la chose la plus naturelle du monde en posant le pied pour la première fois sur le sol de notre patrie. Puis j'ai pressé Zeev et ma mère sur mon cœur. C'était le début d'une nouvelle vie !

7

La vie normale

Ma mère, Rosel Simon, est décédée en 1981, après trente-cinq années d'une vie bien remplie en Israël. À sa mort, mon mari et moi avons perdu notre plus chère compagne. Elle était très attachée à nos trois fils, qui l'adoraient. Elle connaissait très bien aussi les deux enfants de Manfred et de Dita, et elle a vécu assez longtemps pour voir naître un arrière-petit-enfant, la fille aînée de mon fils Doron. Sa mort nous a porté à tous un coup rude. Elle avait, par sa sagesse, contribué à notre bonheur.

L'enterrement de Maman a été l'un des moments les plus douloureux de ma vie après la libération. J'ai perdu la faculté de sourire pendant plus d'un an. Tous les terribles souvenirs de l'Holocauste me sont revenus, toute la peur et l'angoisse que j'avais vécues avec elle. Lorsqu'elle vivait encore, nous parlions ensemble de ces atrocités. Désormais, je n'avais plus personne avec qui partager ces souvenirs. Elle avait été ma meilleure amie lorsque j'étais enfant dans le ghetto, car toutes mes amies de classe avaient été exterminées, et elle était la seule à pouvoir comprendre l'horreur de ce que nous avions vécu ensemble, comme le meurtre de mon oncle Benno sous les yeux de sa mère. Maman avait connu la terrible souffrance d'être revenue d'un travail avilissant à l'hôpital militaire pour apprendre que mon cher père, son époux bien-aimé, avait été emmené et fusillé. Elle avait éprouvé cette peur au ventre qui emplissait chaque jour de notre vie ensemble dans les camps, la peur d'être séparées par la mort. Maintenant que la mort nous avait séparées, même si je savais que ma mère avait vécu de longues années après la guerre, je souffrais d'un chagrin intolérable.

La vie dans le nouvel État d'Israël, les premières années, était loin d'être facile et confortable, mais Maman ne se plaignait jamais. Elle n'avait pas simplement consenti à venir à cause de Zeev et de moi. Elle s'était engagée dans la vie d'Israël, et elle aimait ce pays. Elle était devenue une sioniste dévouée et une patriote enthousiaste. Elle avait appris l'hébreu, même si elle ne le parlait pas très bien, et nous nous aidions tous les trois à commencer une nouvelle vie ensemble. Ma mère partageait nos difficultés avec entrain.

Dans les premières années qui ont suivi notre arrivée, nous avons vécu à Haïfa. Zeev et moi partagions une chambre de location avec Maman. Lui et moi avions un emploi, et Maman faisait des gâteaux pour gagner un peu d'argent supplémentaire. Nous étions heureux, dans cette chambre. Nous ne possédions presque rien ; les seules choses que nous avions apportées d'Europe étaient les vêtements usagés que nos cousins nous avaient envoyés d'Amérique, le tableau qu'Axel Benz nous avait offert en cadeau de mariage, et la couverture tachée de sang du cuisinier sur la barge. Mais nous n'avions pas besoin de grand-chose. Nous étions si heureux d'être en vie que nous n'avions guère d'exigences.

Avant la guerre, ma mère avait rempli notre maison de belles choses, mais il ne nous en restait plus rien du tout. Elle n'en gardait aucune amertume mais, jusqu'au jour de sa mort, elle est restée la dame distinguée qu'elle avait été à Francfort, vêtue avec un goût raffiné et avec dignité. Elle lisait toujours beaucoup et s'intéressait à la culture, aux idées, aux événements contemporains. Elle s'était même remise au piano, lorsque nous avons pu nous en offrir un. Mes fils l'adoraient et l'admiraient, ils recherchaient sa compagnie et ils étaient fiers d'elle.

Du fait de l'intimité et de l'attachement qui s'étaient développés entre nous dans le ghetto et dans les camps, ma mère et moi étions les amies les plus proches qu'on puisse imaginer. Nous nous comprenions parfaitement. Je pouvais lui parler de tout et lui demander conseil. Elle a gardé jusqu'à la fin un esprit vif et ouvert à tout. Mais les dernières années, malheureusement, elle était très handicapée. À la suite d'une fracture du fémur qui s'était infectée, elle ne pouvait plus se déplacer qu'avec un ambulateur. Mais elle supportait la douleur et l'adversité avec son courage habituel.

Maman ne se plaignait jamais, et Zeev et moi non plus. Nous travaillions tous beaucoup, et nous nous contentions de très peu. Ce qui était important pour nous, c'était d'être ensemble dans notre nouvelle patrie. Mais pour ma mère et pour moi, les tensions et les dangers de la guerre d'Indépendance n'étaient pas faciles à supporter. Elle s'inquiétait toujours pour nous, mais dominait très courageusement son angoisse. Un jour, une bombe a explosé dans le centre de Haïfa, près de l'endroit où Zeev et moi travaillions. Le bruit de l'explosion nous ramena brutalement à l'époque où les Russes bombardaient Stutthof. Maman était dans tous ses états. Elle ne pouvait pas supporter l'idée que je puisse être victime d'une autre bombe, et j'ai donc accepté l'idée de travailler plus près de notre maison, là où le terrorisme était moins présent.

Zeev et moi avons tous deux servi dans l'armée israélienne toute neuve pendant la guerre d'Indépendance. J'étais dans un camp militaire avec l'affectation de technicienne de laboratoire, et je faisais des analyses de sang à des conscrits, tandis que Zeev était soldat. Dans la journée, tout allait bien, mais la nuit je faisais des cauchemars abominables. La nuit est toujours le pire moment, pour un survivant. Les souvenirs affluent, et rien ne les arrête. Une fois, pendant la guerre d'Indépendance, je suis restée dormir au camp, et je me suis réveillée avec terreur au milieu de la nuit, en me croyant revenue au camp de travail de Torun. Les kapos allaient m'empoigner pour me battre. Ma jambe était infectée. J'ai réveillé tout le monde avec mes hurlements et mes appels à l'aide en allemand et en yiddish. Ils ont mis un très long moment à me calmer et à me faire comprendre que j'étais saine et sauve en Israël.

Lorsque nous vivions à Haïfa, je me surprenais souvent à contempler la mer en songeant à mes deux voyages maritimes : ce périple de cauchemar dans la soute de la barge sur la mer Baltique, où je m'attendais chaque jour à être jetée avec ma mère dans l'eau glacée, comme les autres *Mussulmen* à moitié mortes, et notre joyeuse équipée vers Israël, où j'avais enfin pu retrouver le sourire et où le capitaine grec avait été si gentil avec ma famille et avec moi. Je contemplais la Méditerranée bleue et tiède, mais je ne voyais que les vagues glacées autour de notre bateau en perdition, et je me retrouvais sur le point de crier encore : « Shema Yisrael. » Alors je frappais bien fort le sol avec mes pieds pour me rappeler que j'étais sauvée, et que j'étais en Israël.

Après la guerre d'Indépendance, je souhaitais plus que tout avoir des enfants, mais j'étais encore tuberculeuse. En fait, de nouveaux foyers d'infection s'étaient déclarés dans mes poumons. On me disait que je ne pourrais pas avoir d'enfants, mais cela me brisait tellement le cœur que je n'acceptais pas ce diagnostic.

« Et pourquoi pas ? » demandais-je aux médecins. « Qui serait en danger, moi ? Ou mes enfants ? » Lorsque j'ai su que ce serait moi et non mes bébés, j'ai décidé d'en prendre le risque. Pour moi, cela en valait largement la peine. Mon premier fils, Doron, dont le nom signifie « don », est né en 1951. L'obstétricien qui l'a mis au monde avait bien connu Zeev à Dachau, et seuls ses soins dévoués ont permis que j'accouche par les voies naturelles, et non par césarienne, ce qui m'a permis d'avoir ensuite deux autres fils, Oded et Gil.

Zeev et moi nous sommes efforcés de ne pas élever nos enfants dans l'ombre de l'Holocauste. Ils savent que nous sommes des survivants, mais nous ne les avons jamais accablés de détails horribles. Non que j'aie jamais eu honte d'être une survivante de l'Holocauste ; bien au contraire, je suis fière d'avoir survécu à cet enfer.

Mon principal objectif était d'être pour nos fils une mère normale, équilibrée et positive. Je voulais qu'ils nous admirent, Zeev et moi, comme individus, et non qu'ils nous plaignent comme victimes. En outre, je n'ai jamais voulu que mes garçons sentent que mon éducation avait été interrompue. J'ai toujours beaucoup lu et absorbé suffisamment de culture générale pour pouvoir parler avec eux de leur travail scolaire, et les aider quand ils en avaient besoin. J'ai travaillé pendant des années comme technicienne de laboratoire dans différentes cliniques, tout en suivant des cours pour obtenir l'équivalence d'une licence en microbiologie – que j'ai eue.

Je ne suis jamais revenue au strict judaïsme orthodoxe de ma jeunesse. Peut-être ai-je perdu la foi lorsque mon père a été assassiné. J'étais fâchée contre Dieu, qui laissait tuer un homme si pieux et si bon alors qu'il tentait de sauver des enfants innocents. Je cherchais Dieu, et bien souvent il n'était pas là, même si j'ai parfois eu l'impression qu'il exauçait mes prières, comme sur la barge de la Baltique ou lorsque ma mère avait miraculeusement guéri de la dysenterie après la guerre.

Pendant la guerre, je puisais des forces dans une formule que je me répétais souvent : « Un coup sur ma droite, un coup sur ma gauche, pourvu que cela ne me touche pas. » Cela me donnait du courage et, lorsque j'avais assez de force, je pouvais inciter les gens qui m'entouraient à retrouver des forces aussi. Il fallait montrer aux Allemands que nous étions forts, que nous ne tomberions pas. Bien souvent nous pensions : « C'est la fin. » Mais ce n'était pas la fin.

Les chances de survivre étaient si ténues, et le système si cruellement meurtrier, que quiconque a survécu l'a fait par miracle. Mais le miracle ne venait pas que de l'extérieur. Il devait rencontrer d'incroyables réserves de force à l'intérieur de la victime, qui allait reconnaître le miracle et s'y associer. Nous devions lutter contre le désespoir, pour ne pas rendre l'âme avant que vienne le salut. J'ai toujours cru que cela ne m'arriverait pas. J'ai toujours espéré être sauvée, et j'étais toujours en colère contre le monde parce qu'il gardait le silence. Comment se faisait-il que, pendant une si longue horreur, personne ne vienne à notre secours ?

Aujourd'hui encore, une partie de moi se rebelle : « Supprime ces cinq années de ta vie ! N'en parle pas. Vis dans le présent, pour l'avenir. » Cette partie-là veut se débarrasser de ces souvenirs et s'enfuir. Mais je ne m'enfuis pas, parce qu'une autre partie de moi revendique ce passé, affirme qu'on ne doit pas le fuir, que si je l'effaçais, ce serait une offense à la mémoire de ceux qui ont souffert et de l'immense majorité qui n'a pas survécu. C'est pour cette raison que j'ai souvent pris la parole devant des groupes d'écoliers israéliens, le Jour du souvenir de l'Holocauste. Je trouve harassant et douloureux de me trouver devant un groupe et d'exposer mes terribles souvenirs. Pendant que je parle, je ne vois plus devant moi les adolescents. Je vois le ghetto et les camps. Je vois les *Mussulmen* et les cadavres. Et toutes les peurs de ces années me submergent à nouveau. Pourtant, si épuisant que ce soit, je continue à le faire. Je ressens comme un devoir de transmettre l'histoire de l'Holocauste à la jeune génération, tant qu'il y a encore des survivants pour la dire.

Il y a quelques années, à Jérusalem, une réunion de survivants a eu lieu. J'en ai entendu parler, et j'ai pensé que cela ne m'intéresserait pas. J'ai décidé de ne pas y assister. Pourtant, une force m'y a attirée, et j'y suis allée. Et une fois là, j'étais incapable de m'en aller. Rien ne pouvait m'en arracher. J'ai fini par passer trois jours entiers à ce colloque, pratiquement sans rentrer chez moi.

J'ai passé beaucoup de temps à regarder les survivants, simplement. Je voyais des gens entrer normalement, mais dès l'instant où ils étaient entrés, ils commençaient à marcher d'une manière tordue, torturée. Leur dos se courbait, leurs bras remontaient gauchement le long de leur corps, et ils se mettaient à boiter. Ils penchaient la tête à un angle bizarre. Ils devenaient ce qu'ils avaient été quarante ans plus tôt.

Il y avait des panneaux pour chaque ghetto et chaque camp de concentration, avec des listes des survivants. Nous nous groupions sous les panneaux, et nous cherchions les noms des gens que nous avions connus. Je n'ai reconnu personne du ghetto de Kovno ni de Stutthof qui soit venu à la réunion, mais j'ai retrouvé des noms de filles qui avaient été en classe avec moi à Kovno, avant la guerre. Elles vivaient en Australie. Je me suis dit : « Dieu merci, elles sont vivantes. » Mais je n'ai pas pu me procurer leurs adresses pour pouvoir leur écrire.

De nombreux survivants sont paranoïaques ; je suis « juste » insomniaque. Ce n'est pas que j'aie des cauchemars, mais je ne dors pas. Je me débrouille très bien dans la vie quotidienne, mais lorsque survient une crise – et la vie en Israël a été riche en crises – je me dis : « Je ne peux plus continuer. » Pendant la guerre du Kippour, mon mari et mes deux fils aînés étaient mobilisés. J'étais engagée volontaire dans les hôpitaux. Je tricotais des bonnets pour les soldats, je visitais les familles des blessés et des endeuillés – et pendant tout ce temps je me sentais moi-même au bord de l'effondrement. Mon fils Oded, qui était dans une unité de chars, a participé à l'une des batailles les plus sanglantes de la guerre, et le savoir en si grand danger était plus que je n'en pouvais supporter. Lorsque j'ai appris qu'il était sain et sauf, j'ai eu l'impression de survivre encore une fois aux camps.

Je me sens incapable d'affronter les cimetières, sauf pour aller sur la tombe de ma mère, tous les vendredis. Chaque fois que j'y vais, je vois les piles de cadavres émaciés à Stutthof, mes amies, mes sœurs juives, mortes horriblement. Presque pire que leur mort était la dégradation qui l'accompagnait. Les Allemands nous traitaient comme de la vermine avant de nous tuer, et comme des ordures lorsque nous étions mortes. Nous étions pourtant des êtres humains, dignes de respect.

Une façon de répondre à cette dégradation, une façon que beaucoup de gens ont choisie, aurait été de faire un « métier » de mon statut de survivante. J'aurais pu consacrer ma vie à l'enseignement de l'Holocauste et aux projets commémoratifs. Comme je l'ai mentionné, j'ai souvent parlé de mes expériences à des groupes d'écoliers, et j'ai aussi écrit ce livre, parce que je veux que les gens gardent le souvenir des ignominies que les nazis ont infligées aux Juifs.

Certes, le travail de commémoration est essentiel. Je n'ai que respect pour les gens dévoués qui ont construit Yad Va-Shem, l'institution du souvenir de l'Holocauste à Jérusalem, ainsi que d'autres lieux de souvenir en Israël et ailleurs. S'ils n'avaient pas entrepris de rassembler des documents, de créer des musées et d'organiser des programmes éducatifs, le peuple juif aurait pu être tenté de laisser glisser l'Holocauste dans l'oubli. Et si nous, les Juifs, l'avions oublié, les non-Juifs auraient été trop contents de le chasser de leurs esprits. La terrible blessure que nous avons subie, et qui ne cicatrisera sans doute jamais entièrement, se serait envenimée dans une obscurité honteuse, secret maudit caché au cœur de l'humanité, et faisant naître d'autres maux. Mais pour ma part, je n'aurais pas pu devenir un porte-parole à plein temps des victimes de l'Holocauste. Je suis trop préoccupée par les affaires sociales.

On pourrait dire que la seule chose qui n'est pas vraiment « normale » chez moi, c'est que je consacre presque tout mon temps à des projets bénévoles. La leçon personnelle que je tire des souffrances que ma famille et moi-même avons endurées, c'est que nous devons nous dévouer sans arrière-pensée à aider les autres. Peut-être est-ce parce que j'ai vu un avilissement tellement absolu de la dignité humaine, que je travaille tant aujourd'hui pour aider les gens à se prendre en main.

J'ai commencé le travail bénévole au début des années 50 mais, lorsque j'étais jeune épouse et maman, je n'avais guère le temps d'entreprendre des projets à grande échelle. J'étais affairée à élever mes deux fils aînés, à occuper trois postes à temps partiel (jusqu'au jour où j'ai enfin eu un seul emploi à plein temps) pour joindre les deux bouts, à tenir ma maison et à me rattraper dans les études qui m'avaient manqué dans ma jeunesse.

Après notre installation à Jérusalem en 1965, alors que j'attendais mon troisième enfant, je me suis impliquée dans un programme du B'nai Brith conçu pour aider les immigrants des pays orientaux. Il s'agissait, pour cinquante femmes, d'« adopter » chacune une famille dans un quartier de Jérusalem nommé Romema, où les problèmes sociaux étaient terriblement aigus.

J'ai tout de suite vu que je pouvais faire beaucoup de choses utiles. Les femmes n'avaient pas appris à utiliser rationnellement les produits courants de l'alimentation israélienne. J'ai commencé à les aider à préparer leurs menus et à établir leur budget alimentaire, et dans bien des cas j'ai rendu possible qu'elles aient de la viande ou du poulet pour le shabbat ou les repas de fête.

De nombreuses familles avaient besoin des choses les plus fondamentales : des lits, de la literie, des appareils de chauffage au kérosène, et des vêtements. J'ai commencé à faire la tournée des magasins et des fabricants, et j'ai réussi à les convaincre d'offrir des contributions. J'ai également commencé à rassembler des vêtements usagés de mes amis. Lorsque je crois fermement en quelque chose, j'arrive souvent à convaincre les autres.

Les familles de Romema étaient très chaleureuses et réceptives, et je me suis vite attachée à elles. On pourrait trouver curieux qu'une personne issue comme moi de la bourgeoisie européenne, survivante du ghetto et des camps, trouve si facile de communiquer avec ces gens, si différents de moi.

Le secret réside peut-être dans le fait que je n'ai jamais pris une attitude condescendante envers ces familles. Je n'ai jamais tenté de réduire artificiellement la distance en prétendant être autre chose que ce que je suis, et jamais non plus je n'ai tenté de forcer ces familles à être autre chose que ce qu'elles sont. La sincérité de mon intérêt pour leurs problèmes se voyait à travers les différences qui nous séparaient.

Je me suis vite retrouvée à passer tout mon temps libre à Romema. Les problèmes étaient tellement vastes que je ne pouvais pas les ignorer. Je m'y précipitais directement après mon travail, et j'allais de maison en maison pour voir quels étaient les besoins, puis je m'adressais à d'autres pour qu'ils m'aident à satisfaire ces besoins.

Tandis que je m'impliquais de plus en plus auprès de mes familles d'adoption, les autres femmes qui avaient lancé le projet l'abandonnaient peu à peu. Elles voyaient que la seule façon d'agir efficacement aurait été de travailler comme moi, nuit et jour, inlassablement, et elles n'avaient pas le dévouement nécessaire. « Nous ne sommes pas des assistantes sociales », disaient-elles.

Elles n'avaient pas tort. Un tel projet ne peut réussir que s'il est bien organisé et entrepris à grande échelle. Les efforts individuels peuvent être gratifiants sur le plan personnel, mais ils ne font qu'effleurer la surface des problèmes. Après avoir travaillé deux ou trois ans dans le cadre du B'nai Brith, j'ai décidé de reprendre à mon compte le projet de Romema. J'organisais, je me dépensais sans relâche.

D'abord, comme je l'ai dit, il fallait faire face à des besoins matériels fondamentaux. Ce n'était pas une tâche facile. Beaucoup de ces familles squattaient des maisons à Lifta, un village arabe abandonné au pied d'un escarpement, à proximité de Jérusalem, où les routes n'étaient pas goudronnées. L'une de « mes » familles y vivait, et la seule eau courante de la maison coulait d'un robinet de la cuisine. Toute la famille, douze personnes, devait se laver à cet unique point d'eau – et il n'y avait évidemment pas de toilettes intérieures. L'homme de la maison était un maçon qualifié, mais il n'avait pas les moyens d'acheter le ciment, les parpaings, les carreaux de céramique, et les accessoires et fournitures nécessaires à la construction d'une salle de bains pour sa famille. Zeev et moi avons trouvé quelqu'un pour fournir le matériel, et nous avons aidé l'homme à construire ce dont il avait besoin. Ces gens ne demandaient qu'à se prendre en main, mais il leur manquait les ressources nécessaires pour démarrer. Une fois ces ressources acquises, ils progressaient rapidement.

Un autre élément clé était l'éducation, domaine où les parents ne pouvaient guère aider leurs enfants. Ils n'avaient pas beaucoup fréquenté l'école eux-mêmes. Dans bien des cas, ils n'avaient pas les moyens d'acheter les livres de classe, sans parler des autres livres dont un enfant a besoin chez lui pour acquérir de bonnes bases – des encyclopédies, des atlas, des dictionnaires et des livres à lire pour le plaisir.

Pour résoudre ce problème, j'ai collecté de l'argent, et je l'ai déposé dans une librairie du centre, pour que tous les enfants de ma liste (plus de trois cents) puissent acquérir les ouvrages scolaires dont ils avaient besoin – d'occasion, mais à jour. Je les ai également tous fait inscrire à la bibliothèque municipale.

Puis j'ai dû m'assurer que les enfants lisaient les livres. Je leur demandais de prendre un livre à la bibliothèque, et de me soumettre chaque semaine un rapport de lecture. J'allais aussi de maison en maison pour m'assurer que les enfants faisaient leurs devoirs. Aussi souvent que possible, j'allais dans les écoles pour voir si « mes » enfants travaillaient bien, et j'allais aux réunions de parents avec les mères, pour les aider à établir le contact avec les enseignants, et à s'informer sur les progrès de leurs enfants. Enfin, j'ai fait donner des cours particuliers aux plus jeunes par les aînés. Dans mon idée, les gens qui avaient reçu de l'aide devaient immédiatement commencer à aider les autres.

En dépit de toute cette attention et de tous ces soins individuels, les enfants de Romema continuaient à échouer aux tests d'intelligence standardisés, et les lycées répugnaient à les accueillir. J'ai dû négocier avec les proviseurs de lycée pour les convaincre de prendre le risque, en leur promettant de soutenir personnellement ces gamins. Je suis fière de pouvoir dire que, dans la plupart des cas, ces enfants ont réussi. Un grand nombre d'enfants des familles que j'avais « adoptées » ont terminé leurs études secondaires ou techniques, et certains ont obtenu des diplômes universitaires.

Quoi qu'il en soit, je ne réussissais à aider que les enfants de bonne volonté, disposés à se prendre en charge. Romema est un quartier qui a de sérieux problèmes sociaux : criminalité, alcoolisme, drogue. Je ne peux m'occuper de ces enfants que s'ils ont la force intérieure de rester à l'écart de ces fléaux. Mais quand je vois qu'un enfant est désireux de fournir l'effort, je fais tout ce que je peux.

Il ne se passe guère de jour où je ne rencontre de jeunes adultes que j'ai connus enfants pauvres dans les rues de Jérusalem. Il arrive qu'un agent de police me dise, en me voyant garer ma voiture : « Vous vous souvenez de moi, Trudi ? Je vais surveiller votre voiture. » Un jour, l'un de « mes » enfants, qui était devenu un serveur très digne dans la cafétéria d'un grand hôtel, a insisté pour m'offrir du café et des gâteaux. J'ai reçu une médaille du Président d'Israël en tant que bénévole ayant fourni une contribution remarquable à la nation, mais la réussite de ces jeunes gens est de très loin le résultat le plus gratifiant de mon travail.

À la fin des années 70, mon mari et moi avons eu l'occasion d'aller passer quelques années à Paris – et nous voilà partis pour l'Europe. J'avais commencé par avoir des sentiments très mitigés, parce que ma mère et nos deux fils aînés restaient en Israël. Notre aîné était déjà marié, et le deuxième était à l'université. Je m'inquiétais aussi pour mes familles de Romema. Qui allait s'occuper d'elles pendant mon absence ?

En fait, pendant les six premiers mois, j'étais tellement inquiète au sujet de mes fils et de mes familles d'adoption que je n'ai guère apprécié la vie à Paris. Je recevais tous les jours des lettres de mes pauvres familles. Elles avaient constamment des problèmes. Je faisais ce que je pouvais par courrier, écrivant aux directeurs d'école et aux administrations, mais je savais que ce n'était pas suffisant. Je souhaitais désespérément continuer à les aider, même de loin.

C'est alors que j'ai eu deux idées.

Je savais que beaucoup de Juifs français venaient d'Afrique du Nord et du Proche-Orient, et j'ai réussi à convaincre cinquante familles séfarades françaises, des gens qui n'étaient absolument pas riches, d'assumer la responsabilité d'aider des familles, là-bas, à Jérusalem. Ils ont commencé à correspondre, à leur envoyer de l'argent et des vêtements, et aussi à aller les voir lorsqu'ils allaient en Israël. Et ces relations durent depuis près de vingt ans.

Ma seconde idée s'était développée en un projet beaucoup plus ambitieux. Dans mon travail avec les familles pauvres de Jérusalem, je n'avais pas tardé à observer que les soins dentaires étaient absolument hors de leur portée, et qu'ils avaient toutes les mauvaises habitudes : ils donnaient trop de sucreries à leurs enfants pour compenser la dureté de leur vie, et ils ne leur apprenaient absolument pas à se brosser les dents – sans même parler de le faire après chaque repas. Ni le ministère de la Santé ni le système d'assurance-maladie n'avaient les moyens de financer les soins dentaires, de sorte que les dents des enfants pourrissaient tout simplement dans leur bouche.

Le seul espoir résidait dans une organisation de dentistes bénévoles. Mais qui ? Et comment ? Je savais que les dentistes israéliens, qui passaient au moins un mois par an dans l'armée, n'auraient pas les moyens d'assumer ce bénévolat, mais pourquoi ne pas recruter des dentistes bénévoles à l'étranger ?

J'ai commencé à parler de mon idée autour de moi et, en un mois ou deux, j'avais enrôlé six dentistes français. Il était convenu qu'ils viendraient travailler à Jérusalem pendant l'été 1979. Mais où ? Mon problème était maintenant de trouver un endroit où établir la clinique dentaire, de me procurer le matériel nécessaire, et de l'installer. Pour abréger une longue histoire très intense, je dirai simplement que je suis brièvement retournée en Israël à la fin de 1978, pour créer une société à but non lucratif qui aurait la charge de ce dispensaire dentaire. J'ai également trouvé une vieille maison à louer et à rénover. À mon retour en France, j'ai convaincu un fabricant de fournitures dentaires de faire don de vingt tonnes de son meilleur matériel. Puis je me suis adressée à Zim, la société israélienne de transport international, pour obtenir qu'ils le transportent gratuitement. J'ai dédouané le matériel avec une garantie personnelle que je n'avais pas les moyens de couvrir à cette époque-là, et dès l'été le dispensaire fonctionnait.

Depuis lors, j'ai constamment élargi l'équipe de dentistes bénévoles et, à l'heure actuelle, neuf cents dentistes de neuf pays différents payent leur propre voyage pour venir travailler deux semaines en Israël à titre bénévole, certains chaque année, et certains même plus fréquemment. Nos patients nous sont adressés par les services sociaux et, bien entendu, nous traitons indistinctement les enfants juifs et arabes.

Nous exigeons toutefois qu'ils assistent aux cours d'hygiène dentaire pour bénéficier de nos soins. Des milliers d'enfants sont déjà passés par nos dispensaires.

Entre la clinique dentaire et le projet de Romema, qui dure depuis tout ce temps, je mène une existence extrêmement active. Peut-être est-ce une façon de compenser l'horrible cruauté qui m'a été infligée lorsque j'étais enfant. Car je ne peux pas l'oublier – pas un seul instant, si remplies que soient mes journées avec les collectes de fonds, les relations publiques, les détails administratifs, les budgets et les réunions.

Chaque jour quelque chose me rappelle l'Holocauste. Je réussis généralement à me maîtriser ; c'est-à-dire que j'arrive à contrôler mon comportement, mais je ne peux pas contrôler les images qui possèdent mon esprit. Je suis hantée par des images du passé. Dans des rêves et des rêveries, je revois souvent le bâtiment de l'hôpital. Cela peut se produire quand je vais dans des toilettes publiques. Je me revois soudain à quatre pattes, récurant les latrines répugnantes. De temps en temps, je regarde le tableau d'Axel Benz, qui est accroché dans notre salon à Jérusalem, et je me rappelle cet unique bon cœur parmi tous nos ennemis. Je lui suis encore profondément reconnaissante de m'avoir donné sa montre au prix d'un si grand risque pour lui-même. Plus d'une fois il m'est arrivé, lorsque Zeev et moi garons notre voiture avant d'aller au concert, de lever les yeux vers les cheminées de l'hôtel Hilton, qui se trouve juste à côté de la salle de concerts, et de ne plus penser qu'au four crématoire de Stutthof. Ensuite, je ne peux plus entendre la musique. Mes oreilles résonnent de cris de terreur et de chagrin.

Quelquefois, je ne sais même pas ce qui déclenche les souvenirs. Ainsi, l'image du pont qui menait au ghetto de Kovno ne me quitte pas. Je vois ces foules de gens sur ce pont, traînant à grand-peine leurs maigres possessions. Quand je les vois maintenant, sachant le destin qui les attend, je voudrais leur crier : « Oubliez vos possessions ! Elles ne vous serviront à rien ! Fuyez ! Allez-vous-en ! Ne laissez pas les Allemands vous massacrer ! » Mais ils ne peuvent pas entendre mes avertissements, et cela n'aurait servi à rien si quelqu'un s'était dressé devant nous sur le pont pour nous mettre en garde. En été 1941, sous l'occupation nazie, il n'y avait nulle part pour un Juif où se réfugier.

La seule vue d'une pomme de terre me rappelle toujours cette époque. Je sens encore le goût de cette soupe aqueuse et caillouteuse qu'ils nous servaient dans les camps. Quel bonheur, quand j'y trouvais une épluchure de pomme de terre ! Je me souviens de m'être sentie incroyablement veinarde, presque millionnaire, lorsque je trouvais une pomme de terre dans un champ, même écrasée, même pourrie – pourvu qu'il en reste un morceau sain – et que j'arrivais à la rapporter au ghetto. J'étais devenue une experte en pommes de terre, et je n'ai pas oublié cette science. Je peux d'ailleurs reconnaître quand je suis particulièrement tendue avant même d'en prendre conscience, car je commence à acheter d'énormes provisions de pain et à le stocker. Je n'arrive pas encore à m'habituer à l'idée qu'on peut manger tout le pain qu'on veut. Et chaque fois que mon mari ou quelqu'un d'autre me demande quel chemin prendre pour rentrer à la maison, je redeviens la petite fille terrorisée qui a failli être abattue par les nazis un dimanche de 1934, parce qu'elle avait demandé à son père de prendre la plus jolie route pour revenir d'un pique-nique au Taunus.

Ces souvenirs sont si forts et si oppressants que je me demande parfois : À quoi bon en parler ? Est-ce que quelqu'un qui n'a pas vécu cela peut y comprendre quelque chose ? Écrire ce livre m'a soulagée, même si cela a parfois été pénible. Avant de commencer à l'écrire, j'avais des souvenirs très vivants et précis, mais lorsque j'ai entrepris de raconter les détails, je me suis aperçue que je m'étais permis d'oublier beaucoup d'événements épouvantables. J'ai dû revivre ces moments atroces pour écrire mon récit. Quoi qu'il en soit, longtemps après que le lecteur aura refermé ce livre et l'aura posé sur l'étagère, je vivrai encore avec mon deuil et ma souffrance. Lorsqu'il arrive quelque chose à quelqu'un d'autre, c'est affreux. Mais quand cela vous arrive à vous, la souffrance s'installe dans votre âme. Vous êtes seul avec elle.

Personne, si ce n'est un autre survivant de l'Holocauste, ne pourra jamais vraiment comprendre ce qui nous est arrivé. Ces souvenirs ne sont pas comme des vêtements qu'on peut quitter et ranger au placard. Ils sont ancrés au plus profond de nous ! Nous ne pouvons pas nous en débarrasser.

Table

Achevé d'imprimer
en juillet 2006
par Printer Industria Gráfica
pour le compte de France Loisirs, Paris

Numéro d'éditeur : 46080
Dépôt légal : août 2006

Imprimé en Espagne